THE COLOR SCHEME BIBLE

住まいの
色彩計画200

インテリア・コーディネートのための
カラーパレット200種

アンナ・スターマー 編著

今井 由美子 翻訳

ガイアブックスは
心と体を浄化し 地球を浄化するガイアを大切にして
出来るだけ化学物質を使わない
自然療法と環境経営の社会創りに努力していきます。

Published by Firefly Books Ltd. 2005

Copyright © 2005 Quarto Inc.

Credits

2 David George www.david-george.co.uk
9 Sukey Parnell
11 Eric Roth / Susan Sargent Design
www.ericrothphoto.com www.susansargent.com
12 Botanica / Getty Images
16 Sukey Parnell
18 Tim Imrie / Abode
20 Stephen J. Whitehorne / Myriad Images
21 Jan Baldwin / Narratives
22 Bonga Design – contemporary lighting for the domestic & commercial market
www.bongadesignlighting.co.uk
23 Gareth Brown / Corbis
24 David George www.david-george.co.uk
28, 29, 30, 31 Sukey Parnell
36, 60, 80, 106 Jan Baldwin / Narratives
132, 158, 188 David George
www.david-george.co.uk
214 Jan Baldwin / Narratives
234 Lindsey Stock / Myriad Images

All other illustrations and photographs are the copyright of Quarto Publishing plc. While every effort has been made to credit contributors, Quarto would like to apologize should there have been any omissions or errors, and would be pleased to make the appropriate correction for future editions of the book.

色の正確さ

残念ながら、印刷された本から本当の色を再現しようとするとき、インクの色が限られているので限界があります。しかし本書では多くの時間や努力により、色がより正確なものとなっています。本書の色は家庭で、またご自分で再現することができます。結果的に仕上がったインテリアでは、確実に本書の平坦な色がとてもエキサイティングなものになっているでしょう!

印刷されたものでは最終的な色はとてもかすかな違いがあるかもしれないと覚えておくことが重要です。また、ペンキ状の色はバッチごとにかすかな違いがあるかもしれませんので同じバッチの色を購入するのが良いでしょう。

目 次

- 6　本書の使い方
- 8　はじめに
- 12　虹色を読み解く
- 14　色の理論
- 16　好みの色を使う
- 18　色とムード
- 20　光を活かす
- 24　色と感情
- 26　色使いのヒント
- 28　スクラップブックを作る
- 29　イメージボードを作る

32　カラーパレット早見表

- 36　ピンク系
- 60　レッド系
- 80　オレンジ＆ブラウン系
- 106　イエロー系
- 132　グリーン系
- 158　ブルー系
- 188　バイオレット系
- 214　ニュートラル系
- 234　グレー系

※各色相ごとの扉目次に
　カラーバリエーションが表記してあります。

254　索　引

本書の使い方

本書には、仕事または趣味として家の装飾を手がける際に役立つ、200種類のカラーパレットを掲載しました。各パレットのページでは、その色使いが生み出す部屋の雰囲気を解説していますので、あなたが求める部屋作りの参考になるでしょう。またパレットの各色をどのように部屋に取り入れるか、という実践的な方法も書いてありますので、部屋全体の装飾計画が立てやすくなります。さらに、特定の装飾計画に向く仕上げ方も、アドバイスしています。

　本書の冒頭では、色彩の理論と、自分らしい装飾計画を立てるためのアイデアをいくつか書きました。色彩の理論や原則についての基礎知識が得られますし、自分自身はもちろん、家族や友人が楽しめる部屋を生み出すために、必ず役立つ内容です。ここでは、インスピレーションやアイデアを日常生活から得るために、また色を心から楽しめるようになるために、身近な環境の色に目を向ける、という方法についても述べています。

　色選びがしやすいように、カラーパレットは、色の系統別に、9つの章に分けて掲載しました。その9つとは、ピンク系、レッド系、オレンジ＆ブラウン系、イエロー系、グリーン系、ブルー系、バイオレット系、ニュートラル系、グレー系です。各章ごとに、鮮やかな原色から、繊細なペールカラーまで、濃淡もトーンも様々な色を取り上げました。流行に左右されることのない、古典的な色の組み合わせだけでなく、どのようなスタイルの家にも新鮮な印象をもたらしてくれる、現代的な色使いもご紹介しています。

カラーパレットの見方

① 3つの色は、章のテーマカラーを表しています。

② このパレットが生み出す部屋のイメージを表現しています。

③ 何をヒントに、創作したパレットなのかを、書いています。この部屋のメインカラーについても、説明しています。

④ 素材や仕上げ、敷物や家具、この色使いに向く柄や小物といった、装飾スタイルについて書いてあります。

⑤ 部屋の壁全体、または壁の大半に使うメインカラーです。本書を塗料の販売店に持って行き、近い色の塗料を選んでください。そして実際に塗り替えたい壁の一部に、四角く塗って乾かします。塗料は乾くと色が変わりますので、1～2日そのままにしておいて、イメージどおりの色だと確認してから、全体に塗りましょう。

⑥ 5のメインカラーと、わずかにトーンの違う色です。もし5の色が今ひとつしっくりこない場合は、この3色のいずれかを試してみてください。

① カラーパレット早見表

花とミント

② 野に咲く花々を思わせるパレット。

③ スイートピー（**1**）は、バスルーム、ゲスト用の寝室、またはガーデンルームに、楽しさと温もりを与えてくれる色です。このピンク色を、2、3面の壁だけに塗ってください。すべて塗ってしまうと、強すぎるからです。残りの壁は、ミルク（**3**）で塗るか、ピンクとホワイトが、ストライプになった壁紙を張り、強いメインカラーとバランスを取ります。

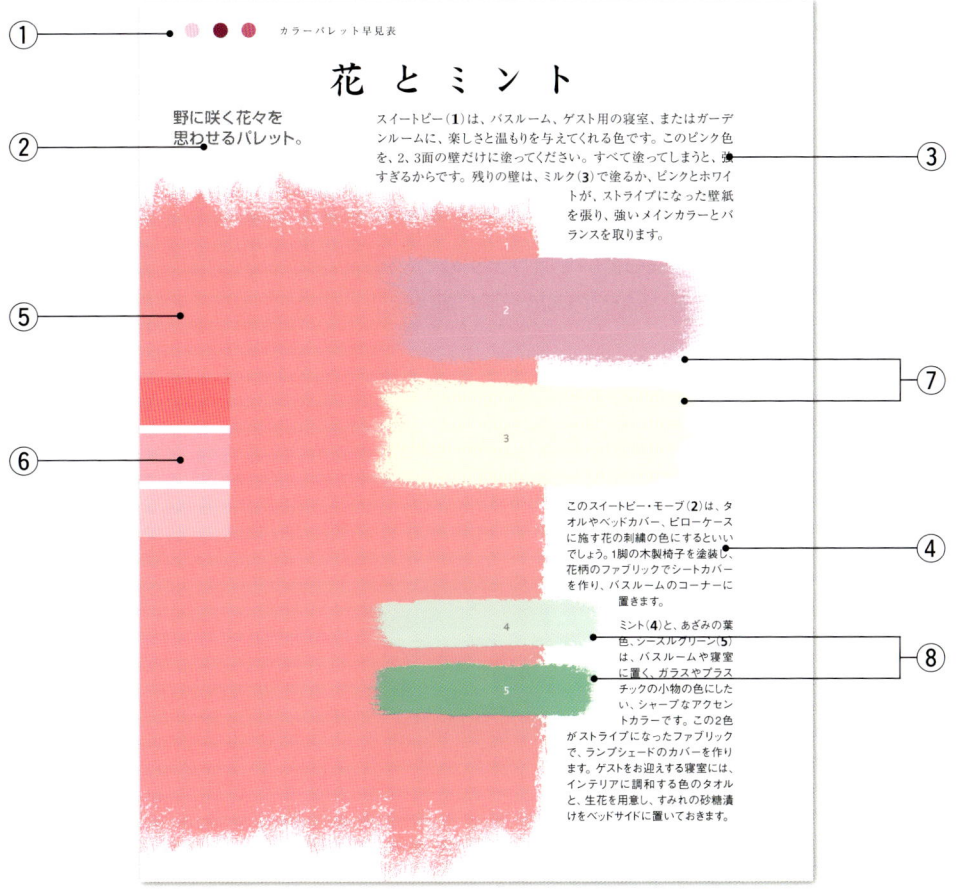

④ このスイートピー・モーブ（**2**）は、タオルやベッドカバー、ピローケースに施す花の刺繍の色にするといいでしょう。1脚の木製椅子を塗装し、花柄のファブリックでシートカバーを作り、バスルームのコーナーに置きます。

⑤ （メインカラー部分）

⑥ （ストライプ部分）

⑧ ミント（**4**）と、あざみの葉色、シースルグリーン（**5**）は、バスルームや寝室に置く、ガラスやプラスチックの小物の色にしたい、シャープなアクセントカラーです。この2色がストライプになったファブリックで、ランプシェードのカバーを作ります。ゲストをお迎えする寝室には、インテリアに調和する色のタオルと、生花を用意し、すみれの砂糖漬けをベッドサイドに置いておきます。

⑦ アクセントカラーです。近接した壁、木部、ソファの張り地などに使ってください。メインカラーを明るく、または暗くした色や、ニュートラルな色が多いはず。部屋全体のバランスを取ったり、メインの色を補ったりして、インテリアにメリハリをつける役目をする色です。

⑧ どのパレットにも2色のハイライトカラーがあります。この色は、たとえば、ペールブルーの部屋にレッドのガラスの花瓶を置く、というように、背景の壁の色に対して、際だたせたい部分に使います。また、ゴージャスなコーヒー色の濃淡でまとめた部屋に、深いチョコレート・ブラウンを入れる、というように、調和しやすい色ばかりを組み合わせた場合に、最終的なバランスを取る色として使うこともあります。ハイライトカラーは、ごくわずかな分量しか使いませんが、インテリアを仕上げる色なので、カラーパレットの中で、もっとも重要です。

はじめに

住まいの色

家とは単に雨露をしのぐためのものではありません。歴史とともに劇的に発展してきた私たちの住まいは、今日、驚くほど多用途になっています。レストラン、幼稚園、ホテル、オフィス、図書室、そして聖地といった役目を果たすのです。住まいとは、その建物に足を踏み入れた人すべてにとって、楽しみや休息の場であり、安全、心の平穏、インスピレーション、温もりを与えてくれる場であるべきです。

ペールアクアに対して、ネオンオレンジ。装飾的なフランス製家具に対して、シンプルな金属製フレームや、アクリル製オーナメント。対照的な要素を取り入れ、クラシックとモダンとを融合させました。

色は住まいのあらゆる空間を劇的に変化させます。現代の塗料が私たちにもたらしてくれる可能性は、無限に近く、伝統的な家であっても現代的な家であっても、賢明な色使いによって、家の雰囲気を一変させることができます。ペールカラーやホワイトは、冴えない部屋を一瞬でリフレッシュし、清潔な印象を与え、明るく広々とした雰囲気を生み出してくれる色です。一方、深いルビーやエメラルドグリーンといった濃い色には強い効果があり、よりプライベートでこぢんまりとした雰囲気を生み出してくれます。

住まいの色は、洋服の色ほど度々変えることはできないので、色の選択は非常に重要です。本書の目的は、このように部屋の印象を大きく変える色彩計画を手引きし、あなたのライフスタイル、部屋の用途、希望する雰囲気に合う色が選べるよう、お手伝いすることです。

色と時代

地球上でもっとも魅力的な天然素材は、色です。人類がこの世に誕生してから、色は、なわばりを示し、環境を飾るために使われてきました。色には力があります――あらゆる住まいの垢抜けない部分を洗い清めて活気を与え、ムードを変えて、住む人の心を高揚させる効果があるのです。世界各地に、その地域の文化と結びついた色があります。色は情熱的で官能的であり、また静寂で瞑想的でもあります。

色は、私たちに印象を与えます。また、私たちの世界を、魅力的で美しい生活の場にしてくれているのが、色とテクスチャーです。さらに、色は、現代ならではの贅沢でもあります。わずか100年ほど前まで、色は裕福な人々だけの物でした。まだカラーテレビも、カラー印刷の雑誌や単行本も、プラスチックもなく、布の染料の色も限られていました。その昔、世界の大部分を占めていたのは、グレー系の色でした。

　しかし、1950年代になると、化学産業の発展によって、染料や塗料に多くの色が誕生しました。今日では、1600万以上の色が生み出せます。技術革新によって、種類もまた様々な塗料が手に入るようになりました。ベーシックな合成樹脂エマルジョン塗料から、メタリック塗料、エコロジーな天然塗料、さらに壁面をマグネットボードに変える、マグネット塗料まで多種多様な塗料が購入できます。

はじめに

自信をもって色を選ぶために

　部屋の模様替えをする際、塗装は簡単で、費用対効果の優れた方法です。今日では、塗料、壁紙、家具、ファブリックのいずれにも、たいへん多くの色の選択肢があるので、自分自身のデザインや主張を、色を通じて形にすることができます。しかし選択の幅が広いだけに、何を決め手にするか、戸惑ってしまいがちです。可能性が大きすぎて、どの色を使うかという決断をかえって下しにくくなり、住まいを装飾しようとする人を怖じ気づかせてしまうのです。多くの塗料メーカーは、製品の色数の多さを誇っていますので、欲しい色はきっと手に入るはず。しかし、その前に、完ぺきな色選びのために、何をすればよいのでしょうか？

　そこで、あなた自身と、手がける部屋にぴったりの色が選べるよう、本書を役立ててください。気に入った色を使って、目を見張るような美しいインテリアを完成させるためのアドバイスも参考になるでしょう。適切な色彩計画を立てれば、退屈なリビングをスタイリッシュな空間に変化させることができます。早々と正しい決断をしておけば、その効果は絶大です。友達や家族を驚かせるだけでなく、住まいの価値を高めることにすらなります。本書を読めば、色についての知識が身に付き、インスピレーションが得られ、あなた自身の色やデザインの好みがよく分かるはずです。その結果、色を生かし切る使い方をするためには欠かせない、「自信」がつくはずです。

古びた印象の
ゲストルームが
一変しました。
壁のラベンダーに、
濃いオレンジと、
明るいマゼンタ
というハイライト
カラーが、
温かみを与えて
います。
大胆な柄を使う
という自信
あふれる手法で、
温もりの
感じられる
ゲストルームに
仕上がっています。

適切な色を選ぶために

　あるスペースを色で埋める作業を始める前に、考慮すべき要素はたくさんあります。実践的な知識と、作りたい部屋のイメージが少しでもあれば、適切な色を選ぶのに、大変役立ちます。まず、次のようにご自分に問いかけてみてください。

- その部屋の用途は？
- その部屋を主に使うのは誰？
- その部屋が主に使われる時間帯は？
- その部屋には、どの程度の採光があるか？
- その部屋の主な建築上の特徴は何か？
- その部屋に置いてある、または置く予定の大型家具は何か？
- 隣接する部屋で使われている主な色は何か？
- どんな気分や感情をもたらしてくれる部屋にしたいか？

　質問の答えを紙に書き、本書の説明を読んだり、カラーパレットを眺めたりする時に心に留めておいてください。そうすれば、これから手を加える部屋に、ぴったりのカラーパレットが、早く見つかるでしょう。

虹色を読み解く

色覚は、ひとりひとり異なります。人間の視覚は、はなはだしく複雑で、繊細なのです。また、多くの外的要因、たとえば照明、隣接した色、表面のテクスチャーなどは、色の見え方に影響を及ぼします。色彩理論には、いくつかの異なる見解がありますが、これから、単純な色彩理論に絞って紹介していきましょう。この理論は、室内に取り入れる色の組み合わせや、表面素材や小物を選ぶ際に必ず役立つでしょう。基本的な色彩理論を理解していれば、色を選びやすくなりますし、自然に調和する色と、しない色の組み合わせについて知識があれば、色彩計画は、はるかに楽になります。ごく基本的な理論を身につけ、自信をもって、色を組み合わせてください。

オレンジとゴールドの、
調和するパレットです。
壁はソフトなパンプキン色。
同じ色相のアクセントカラーが、
壁の色を補い、
いっそう魅力的に見せています。

色の理論

色は、生活のあらゆる場面に欠かせない要素なので、今日では、色があることを不思議に感じる人は少ないでしょう。それでも、人間の目がどのように色を感知するのか知っておけば、必ず役に立ちます。これから説明する科学的理論を、どの程度、色彩計画の参考にするかは、あなたの自由ですが、住まいを装飾する際に、よりよい選択をするための力になるはずです。そのよりよい選択によって、シンプルな色彩計画が、見事なインテリアに変化するのです。

アイザック・ニュートン(1642-1727)は、色の源は光であると説明しました。実験を重ねた結果、光は7色で構成されているという結論に至ったのです。光をプリズムで屈折させた時、虹の7色——レッド、オレンジ、イエロー、グリーン、シアン(ライトブルー)、インディゴ(ダークブルー)、バイオレット——が現れたからです。ニュートンのこの発見は、色彩理論の基礎となりました。

トーマス・ヤング(1773-1829)は、ニュートンの研究を一歩進めました。虹の7色のうちの3色——レッド、グリーン、ブルー——を混ぜると、白色光になることを、発見したのです。これが、色の三原色です。ドイツの心理学者であるヘルマン・フォン・ヘルムホルツ(1821-1894)は、ヤングの研究をさらに進めました。1859年に、「人間の目は、レッド、グリーン、ブルーという3色を解読している」、という説を発表しました。すべての物体は目に入った瞬間に「暗号化」され、脳によって、レッド、グリーン、ブルーの配合割合に分解されるために、人は色を知覚することができる、と主張したのです。このヘルムホルツの説は広く支持されました。

ヘリングの色相環

イエローを、四番目の原色と位置づけた色相環です。ヘルムホルツの理論に異を唱えたエヴァルト・ヘリング(1834-1918)は、自分の色相環こそ、人の色覚を、より正確に表していると考えました。イエローは、原色と捉えるべきだと、彼は主張したのです。イエローは、レッド、グリーン、ブルーと同様に、視覚で、独立

物体の表面は、光を吸収、または反射させ、それぞれの色に分解します。人間の目には、反射した色しか見えません。このようにして、人は色を知覚するのです。

グリーン　　　ブラック　　　ホワイト

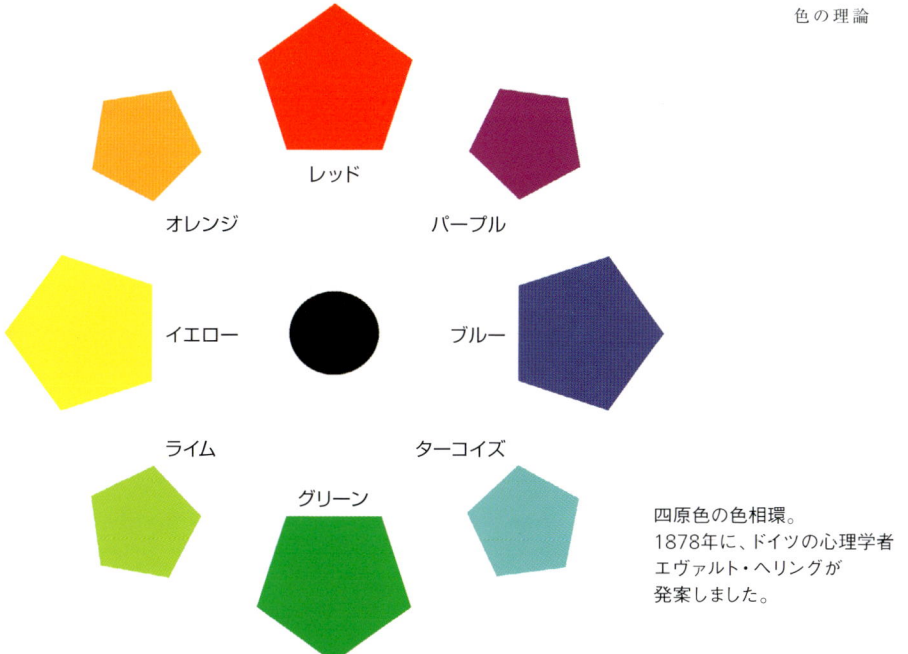

四原色の色相環。
1878年に、ドイツの心理学者
エヴァルト・ヘリングが
発案しました。

した色として認識される、というのが、その理由です。そして、ブラックとホワイトも、知覚できる原色に含めました。ヘリングは、自身の作った色相環を、「色覚の自然なシステム」と表現しました。今日、ヘリングの色相環は、NCS (Natural Color System) と呼ばれ、色合わせのツールとして、世界中で利用されています。

調和する色

　四原色と呼ばれる、レッド、ブルー、グリーン、イエロー。色相環で隣り合う純色を混ぜ合わせると、パープル、ターコイズ、ライム、オレンジという「第二色」が生まれます。色相環の色を順に見ていくと、隣り合う色同士が調和していることに、すぐに気づくと思います。たとえば、イエロー、レモン、マリーゴールド、テラコッタの組み合わせなら、絶対に失敗はしません。これらの色は、色相環で、イエローとオレンジの間に位置するので、本質的に調和する色同士なのです。

補　色

　色相環で、対面する位置にある色同士は、「補色」と呼ばれます。これらは、反対色であり、互いになじまず、ぶつかり合う色です。色彩計画では、こういった補色同士の組み合わせを見かけることは、ほとんどないと思います。しかし、時に、補色同士を巧みに使って、視線を引き付ける劇的な効果を狙う場合があります。たとえば、鮮やかなターコイズの椅子を、ソフトなオレンジピーチの壁際に置くと、素晴らしく引き立ちます。

好みの色を使う

知識は、少しでもあれば、たいへん役に立ちます。しかしルールは、破るためにあるものです。誰でも科学的理論や流行に、ある程度の影響を受けますが、もっとも大切なことをお忘れなく。それは、その色と共に暮らし、楽しむのは、あなたと家族だということです。

たとえ少々風変わりでも、自分の好きな、色と柄を使いましょう。

　自分自身の好みや、インスピレーションを無視してはなりません。もし、宝石のような高級感のある色が好きなら、思い切って、華やかなラズベリーを仕事部屋に取り入れれば、色がインスピレーションを与えてくれるはずです。色相環についての知識は、あくまでも、色合いや、色の強弱の調整に役立てるだけにし、自分の好きな色を使うことを恐れないでください。

色使いの基本ルール

住宅に使われる内装の色が豊富になったのは、第二次大戦後です。特にヨーロッパでは、消費を制限された長い戦争の後、住まいに色を取り入れるのは、真のぜいたくでした。この時代に、相性のいい色の組み合わせといった、色使いのルールが確立していきました。今日では、塗料の色、塗装方法、表面素材が、この時代に比べてはるかに豊富なのは確かです。しかし、次のような基礎知識を頭に入れておけば、色彩計画を立てる際に、必ず役立ちます。

◀ レッド系の色同士は、すべて相性がよい。ピンク系も同じ。ある色味のレッドとピンクの組み合わせは、高級感のある情熱的なリビングや、花柄を取り入れたパステルカラーの寝室にぴったり。

▶ ソフトオレンジを使うと、たいへん温かみが出る。暗めのオレンジは、控えめに取り入れる。

◀ ブラウンは、オレンジと組み合わせると、とても見映えがよい。オレンジを特に引き立てるのは、ターコイズや、クールグレー。

▶ イエローは、グリーン、オレンジと相性がよい。ブルーとイエロー（補色同士）は、軽快で、いきいきとした雰囲気を作るため、昔から使われてきた組み合わせ。

◀ グリーンは、ニュートラルカラーのように、室内のバランスを取る色として使われることが多い。その理由は、ソフトセージのような、グリーンの特定の色味は、ほぼ全色と相性がよいため。

▶ ブルー系の色同士は、すべて相性がよい。グリーン系も同じ。ブルーとグリーンもよく馴染む。ペールスカイや、ダッグエッグのような淡い色から、ダークインクや、ピーコックのような濃い色まで、色の濃度にかかわらず、組み合わせられる。

◀ バイオレット系の色同士は、すべて相性がよいが、部屋に圧迫感を与えがち。バイオレットは、グリーンと組み合わせると、よく映える。ブルーバイオレットは、クールブルーとマッチし、レッドバイオレットは、ソフトピンクと組み合わせると、美しさが引き立つ。

▶ グレーと、ニュートラルとを組み合わせると、押しつけがましさのない、古典的な背景色になる。このような「無色」のパレットは、今も昔も人気がある。グレー、ニュートラルとも、ほぼ全色と組み合わせることができる。意外性があり、目を見張るような美しいインテリアを生み出すこともある。

色とムード

　住まいのどのスペースにも、何かしらのムードを生み出す力があります。ソフトグリーンのバスルームは、くつろげる穏やかな空間になりますし、鮮やかなイエローの玄関ホールは、温かで、気分を高揚させてくれます。色、光、そしてテクスチャーは、五感を刺激し、私たちの感情を呼び覚ましてくれます。住まいは、心を静め、元気を与えてくれる、至福の場所になり得るのです。

　室内装飾にとって、もっとも大切なのは、住む人にふさわしいムードを生み出すことです。住まいは、居心地がよく、くつろげて、楽しく、心の満たされる場所であるべきなのです。塗装と、ファブリックと、照明を巧みに取り入れれば、部屋のムードを劇的に変えることができますし、自分自身のライフスタイルや、求める気分に合わせた、自分だけのスペースが生み出せます。

ソフトグリーンを
エレガントに使いました。
ピンクとペールブルーの、
シンプルで、愛らしいアクセントが、
穏やかで、瞑想的な雰囲気を
生み出す要素になっています。

色とムード

光を活かす

住まいを装飾する時、光の影響を考える人は、少ないのではないでしょうか。しかし、色彩計画を成功させる上で、何より重要な要素は、光です。私たちは、人工照明の下で生活する時間が非常に長いために、1日のうちでも、部屋に差し込む光に変化があることや、季節によって、色の見え方に違いがあることを、忘れてしまいがちです。

自　然　光

　自然の光は、世界を照らし続けています。ぜひ、この光を十分に活用してください。天窓も含めた多くの窓から、できる限りたっぷりと、自然光を住まいに採り入れるようにしましょう。真夏の強烈な日射しも、最大限に活用します。寝室やキッチンの窓に、薄く透けるカーテンを掛けて、明るい日射しを採り入れるのです。もし玄関が暗ければ、曇りガラスのついたドアにすれば、光を玄関に取りこめます。もしくは、ゼラニウムピンクのような鮮やかな色を、1枚の壁に塗って、そのスペースの雰囲気を明るくする、という方法もあります。建築上のディテールは、変更不可能なことが多いのですが、色と光を上手に使うことで、暗いスペースの雰囲気を変えることができます。

大型の窓、ガラス入りのドア、淡い色の壁によって、自然光を最大限に活かした部屋作りを。

　ある部屋の色使いを考える時、自然光を考慮しなくてはなりません。部屋に入ってくる日射しが、どの程度強いか、また異なる時間帯で、どのように日当たりが変化するかを確かめてください。たとえば、北半球で、北東に向いている部屋では、自然の光がほとんど入ってこないはずです。こういう部屋には、暗い印象をやわらげるような暖色を使うべきです。もしバスルームに大きな窓があり、1日のうちに日が差し込む時間が長ければ、クールブルーやバイオレットのパレットでも、可愛らしく見え、冷たい印象にはなりません。

　覚えておいていただきたいのは、1年のうち、ひとつの部屋が見せる表情は様々だということです。秋になると、庭

が生気を失うように、部屋も暗くなります。カーテンを閉める時間が早くなり、人工の光が早い時間から必要になります。自然の光が差し込む昼間も、人工の光に照らされる夜間も、どちらでも魅力的なインテリアカラーにしたいと思われるでしょう。暗い冬の数ヵ月間、部屋をより暖かい感じに見せるために、ベッドスプレッドやクッションを、シャリ感のある木綿から、起毛したフラノ、ベルベット、フェイクファーに変えましょう。ラグや、シープスキンをむきだしだった床に敷き、椅子とソファの背には、ソフトでコクのある色合いのブランケットを掛けてください。

暗いスペースには、やわらかな照明と、レッドやオレンジといった暖色を取り入れて、温かい雰囲気を生み出します。

色とムード

人工照明

　人工の光は、私たちの生活に欠かせません。今日では、様々なタイプの照明が作られていますので、天井から照らすタイプの照明器具に代わる物を、考えてみるのもいいでしょう。なぜなら、天井からの照明は、均一的で強すぎるからです。その部屋でどんなことをするか、という点をまず考え、必要な場所に光源を向けましょう。

　照明には3種類の役割があります。1つ目は、「タスク照明」。仕事、料理、読書などに必要な、強い光です。タスク照明には、可視性のよい昼光色の電球類を選び、向きを変えたり、アームの伸縮ができるライトで、作業スペースを直接照らします。2つ目は、「アンビエント照明」。これは、部屋全体を照らす照明です。通常、明るすぎることが多いので、優しい明るさの物を選ぶか、壁づけ照明に変え、ソフトな雰囲気にしてください。また、調光器も取り入れましょう。3つ目は、「ムード照明」です。これは、ソフト、ロマンチック、官能的といった、特定のムードを生み出すための照明です。ムード照明の光は、常にほのかに。落ち着ける、優しいムードを生み出すのなら、キャンドルが一番です。

タスク照明（下）　読書や調理のような作業スペースを、直接照らす明かりです。

ムード照明（右）　美しいほのかな明かりは、静かな夜にぴったりです。

色とムード

色と感情

私たちはみな、感情的な存在です。刺激の多い現代社会に暮らしていると、常に様々な感情がわき上がってくるはずです。森の中で平和な気分になったり、明るいイエローで装飾されたカフェにいると、元気が出たり、幸せな気分になります。しかし私たちは、目にした物から受ける感覚的、感情的影響に、ほとんど注意を向けることはありません。

特定の色は、強い感情的な反応を呼び起こしますし、光を巧みに使うことで、ムードを高めたり、抑えたりすることができます。ですから、装飾する前に、その部屋では、どんな気分で過ごしたいか考える時間をもつのが大切です。そして、カラーパレットを決める前に、その色と「暮らして」みましょう。具体的には、壁に塗料を試し塗りし、朝から夜、色がどう変化するか確かめます。また、椅子にカーテン用のファブリックを掛けて壁際に置き、壁の色や、表面の質感がどのように反応し合うか、確かめてください。

たとえば、とても日当たりのよいホームオフィスなら、クールスカイブルーをメインカラーに使うことで、頭が冴え、心が落ち着く、という効果が狙えるかもしれません。イエローなら、キッチンに最適です。柑橘類の色の刺激で、気分が引き締まりますし、もっと温かみのあるイエローを選べば、居心地のよい、ファミリー向けの雰囲気になります。もしリビングを、情熱的で、刺激的なレッドで装飾するなら、官能的なムードを高めてくれる表面素材や、ファブリックを選んでください。木部には強い光沢のある口紅のような色を選び、椅子の張り地には、豪華なベルベットや、なめらかなサテンを選びます。ほんのりとしたキャンドルの明かりが、この部屋のムードを完ぺきに仕上げてくれます。

大胆にブルーを使った部屋は、心を躍らせ、刺激を与えてくれます。意外性のあるアクセントカラーは、部屋のムードを高めます。

色がもたらす気分

色は、私たちの感情に影響を与えると言われています。色相ごとに数種類ずつご紹介しましょう。色の深さやトーンによっても、作用に違いはあるでしょう。しかし、カラーパレットを決める際に役立つので、次のような原則をぜひ覚えておいてください。

ピンク系は、楽しく、元気で、積極的で、女性的。

レッド系は、情熱的、大胆、親密感、慰め。

オレンジ系は、創造性を高める。暖かく、ほっとさせる。

イエロー系は、心安く、快活。強いイエローは、脳の働きを高めると言われている。

グリーン系には、自然のイメージがある。鎮静と高揚の両作用があり、
心の安らぎや、バランスとも結びつく。

ブルーは、空と水を連想させる。穏やかで、瞑想的で、頭の冴える環境を作る。

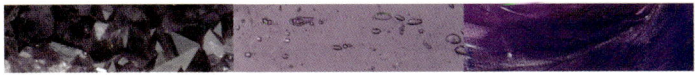

バイオレットは、刺激的でセクシーだが、
ブルーバイオレットは、冷却と、霊的作用がある。

色使いのヒント

　住んでいる場所が、都会でも田舎でも、色使いのヒントを与えてくれる物には、事欠きません。ほんの少し時間を取って、周囲を見回すだけでいいのです。広告の看板とか、食品パッケージなどの色使いに、目を向けてみましょう。これらの色は、グラフィック・デザイナーの手で、慎重に組み合わせられているので、見映えがするのは、偶然ではないのです。お気に入りのレストランの壁の色を思い出してください。濃いオレンジと、オーカーのパレットのヒントになる、落ち葉を集めてみましょう。威嚇的な灰色をした嵐の空を、温もりのある茶色い樹皮の色と見比べ、そこに含まれる細かい色の濃淡に注意を向けてみましょう。アートギャラリーを訪ねて、古典と現代美術の作品に使われている色調や、色の濃淡を見てみましょう。その気になれば、ほんの短い時間で、どこにいても、インスピレーションを得ることができるはずです。

身近な環境から、ヒントを得ましょう。
使い古されたボートが並んでいます。
この景色は、グリーンとブルーで
塗装された木製食器棚のある、
キッチンに形を変えることができそうです。

色使いのヒント

スクラップブックを作る

まず持ち歩ける小型のノートを1冊用意します。観察した色を記録するための小型カメラもあれば、完ぺきです。バスのチケット、キャンディの包み、雑誌の切り抜き、レストランのカードやチラシなどを、そのノートに貼っていきます。

今、目にしている色が、あなたにどんな気分をもたらしたかを、メモします。たとえば、鮮やかなレッドのポピー畑を見ていると、微笑みが浮かんだ、とか、灰色の空をバックに、女性がパープルのスカーフを身に付けているのを見て、気分が沈んだ、といったその時の気分を詳しく書きとめます。「色集め」は、素晴らしいゲームです。突然、あなたの世界が、インスピレーションと、限りない色数を秘めた、画家の巨大なパレットに変わるのです。そして、毎日の通勤さえ、楽しく、興味深い時間になります。

躍動感のある濃い色を集めたスクラップブック。自分の好みの色や柄を集めたスクラップは、色のライブラリーを築いていく、素晴らしい基礎になってくれます。

イメージボードを作る

イメージボードは、ファッションから、インテリアまで、様々な分野のデザイナーが取り入れている、クリエイティブ・ツールです。デザイン・チームにインスピレーションを与えるためや、あるデザインのコンセプトを、クライアントに説明する際に使われます。

イメージボードには、これといった制約はありません。リサーチで得た物や、好みの物を集めて、十分考えてまとめ上げてください。品物、写真、切り抜き、塗装見本の木片や、ファブリック、壁紙の端切れなど、集めてきた物を並べます。すると、好みのインテリアカラーやスタイルが、浮かんでくると思います。完成したイメージボードは、実際の装飾に取り組む間も、すぐに確認できる場所に置いておきます。

好みの物や写真を集めると、特定の色、柄、組み合わせを、選びだすヒントになります。

作り方

　大型のボードに、集めた素材を並べて、どのように見えるか、試してみます。そのボード上で、配色と、その割合を、あれこれ試し、調和する組み合わせを見つけていきます。必要に応じて、カラーコピー機で、その素材のサイズを拡大・縮小して使いましょう。たとえば、壁や床の色など、その部屋で、もっとも大きな面積を占める色を決め、そのベースカラーに、アクセントとなる小さいピースを重ねてみます。こうすれば、装飾する部屋で使われる色と柄の割合が、視覚化できます。インテリアデザインは、想像力を必要とする仕事なので、イメージボードを部屋に持ち込んで、活用しましょう。プロのインテリアデザイナーは、イメージボードに完成した部屋のスケッチも入れますので、クライアントは、完成時のイメージがつかみやすくなります。ぜひ試してみてください。

ある専門家のイメージボード。光沢感を表現した写真や色、テクスチャー、ファブリックの見本を元に、右ページのインテリアが完成しました。

インテリアの完成例

　少しだけ時間を取って、色、光、テクスチャーについて学ぶこと、そして部屋の装飾に着手する前に、自分の色の好みを知ることには、たいへん意義があります。イメージボードは、すべてのリサーチの締めくくりであるべきです。このようにして完成した部屋は、あなたが思い描いた雰囲気を、余すところなく形にしたものになるでしょう。この部屋（右の写真）に使われている、くすみのある、ソフトなモーブは、濃い色や、派手なテクスチャーを引き立てる、最高の背景を生み出しています。深いチョコレート色と組み合わせると、ソフトモーブは、やや地味な印象ですので、目に鮮やかなハイライトカラーをプラスし、部屋に躍動感を出し、モダンなエッジを効かせます。この部屋のアクセントは、ゼラニウムピンクのシルククッションです。このクッションが、暗い色のキルト地のベッドカバーに、セクシーさを与えています。またピンク色の模様が、チョコレート色のベルベットを使ったベッドスプレッドという、控えめなテクスチャーと、コントラストをなしています。鮮やかなマゼンタの花瓶と、ピンクの花は、このハイライトカラーに合わせました。花瓶に使われているつやのあるガラスは、光を見事にとらえます。硬質な鏡やガラスから、やわらかなベルベットやシルクまで、異なった表面素材は、室内に拡がる光と遊び、装飾効果を上げます。

美しく調和し、なおかつモダンな印象のある寝室のインテリアは、イメージボードで集めた情報から生み出されたものです。

カラーパレット早見表

本書でご紹介している200種類のカラーパレットの、ベースカラーを早見表にしました。各色に記載されている数字がページ数ですので、気に入ったベースカラーのページを開いて、インテリアの色彩計画に役立ててください。

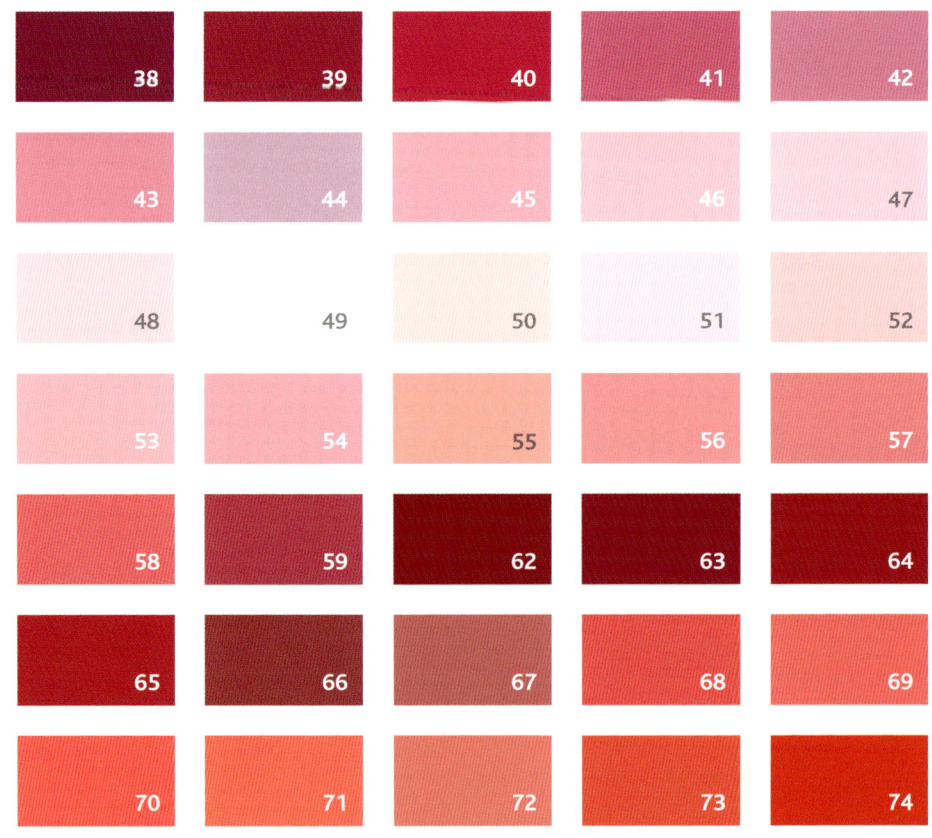

75	76	77	78	79
82	83	84	85	86
87	88	89	90	91
92	93	94	95	96
97	98	99	100	101
102	103	104	105	108
109	110	111	112	113
114	115	116	117	118
119	120	121	122	123
124	125	126	127	128
129	130	131	134	135

カラーパレット早見表

136	137	138	139	140
141	142	143	144	145
146	147	148	149	150
151	152	153	154	155
156	157	160	161	162
163	164	165	166	167
168	169	170	171	172
173	174	175	176	177
178	179	180	181	182
183	184	185	186	187
190	191	192	193	194

カラーパレット早見表　35

195	196	197	198	199
200	201	202	203	204
205	206	207	208	209
210	211	212	213	216
217	218	219	220	221
222	223	224	225	226
227	228	229	230	231
232	233	236	237	238
239	240	241	242	243
244	245	246	247	248
249	250	251	252	253

ピンク系
(Pinks)

クランベリー (cranberry)　p. 38
ラズベリー (raspberry) 　p. 39
マゼンタ (magenta) 　p. 40
フラミンゴ (flamingo) 　p. 41
ロージーピンク (rosy pink) 　p. 42
カーネーション (carnation) 　p. 43
ラベンダー (lavender) 　p. 44
コットンキャンディ (cotton candy) 　p. 45
ストロベリームース (strawberry mousse) 　p. 46
ベビーピンク (baby pink) 　p. 47
オーキッド (orchid) 　p. 48
シェル (shell) 　p. 49
ティンテッド・ピンクポーセリン (tinted pink porcelain) 　p. 50
ブラッシュ (blush) 　p. 51
タスカンピンク (Tuscan pink) 　p. 52
ローズ (rose) 　p. 53
アンティークピンク (antique pink) 　p. 54
コーラル (coral) 　p. 55
スイートピー (sweet pea) 　p. 56
ボラプチャスピンク (voluptuous pink) 　p. 57
フューシャ (fuchsia) 　p. 58
ベリー (berry) 　p. 59

カラーパレット早見表

洗練された、鮮烈な色

**明暗の強烈な
組み合わせは、幾何学的
デザインの部屋に向く。**

クランベリー（**1**）に、ソフトな色でメリハリをつけました。幾何学的で入念なデザインに取り入れると成功する、個性的な色使いです。濃い色は、部屋の印象を決めますので、陰うつな雰囲気になりすぎないよう、明るい色を使ったスペースも必要です。上質で趣味のよさを感じさせる、モダンなカラーパレットです。

伝統に反し、濃い色を壁に、ソフトで繊細な色を木部に使います。ダスティピンク（**2**）と、ソフトストーン（**3**）という古典的なインテリアカラーが、強烈でモダンな色の組み合わせに、繊細さを加味してくれます。

セージグリーン（**4**）は、クールなアンダートーンをもつ、この部屋のバランスを整えてくれます。この色を入れると、ピンクが可愛らしくなりすぎません。

インテリア・デザインにとってブラック（**5**）は、たいへんシックな色です。ガラスや漆器といった、つやのある素材に使いましょう。ダイニングでは、プレートにこの色を取り入れてみてください。お料理の色を、たいへん引き立ててくれます。

ラズベリー色のベルベット

濃厚で甘美なラズベリー(**1**)は、たちまち部屋に高級感を与えてくれる色です。20世紀初頭に用いられた伝統的なインテリア・カラーを、ハイライトとして取り入れました。このようなソフトな中間色を、ラズベリーのような濃いピンクと組み合わせることで、現代的な雰囲気が生まれます。

ソフトで温もりのある、クラシカルな色と、モダンなベリーとの融合。

温かで魅惑的なテクスチャーのつやなし塗料は、こういった、くすみのある色合いを引き立たせてくれます。壁を除いた部分には、織物や触感に訴える素材を使うといいでしょう。たとえば、スエード、モヘアのニット、ベルベットなどが挙げられます。

スエードバフ(**2**)は、室内で、大きめのの家具や、床に使いましょう。ミッドピンク(**3**)は、ラズベリーの壁を引き立てる、最高の色です。

ソフトラベンダー(**4**)と、スムースチョコレート(**5**)でアクセントをつけ、大人っぽい洗練された色使いに、さらにエッジを効かせます。

このカラーパレットは、ダイニングやリビングにぴったりです。主張があり、独創的でありながらも、居心地のよい部屋ができあがるでしょう。

カラーパレット早見表

思い出の絵本を開いて

1950年代風のレトロカラーを組み合わせた、素朴で穏やかなパレット。

くっきりとしたマゼンタ（**1**）が、思い出の小道を通って、再び現代によみがえります。古い絵本を開き、挿絵の色使いを参考にしましょう。典型的な1950年代風の配色ですが、シンプルでありながらも、スタイリッシュなデザインの部屋では、かえって新鮮に見えます。

暗めのコバルト（**3**）を木部に、ベビーブルー（**2**）を、ファブリックに使います。カーテンやクッションには、船のデッキチェアを思わせる、この2色のストライプ地を使います。

ポピー（**4**）と、スナップドラゴン（**5**）は、この部屋をさらにノスタルジックに仕上げるアクセントカラーです。この、心地よい夕日の色を、壁面の装飾に使うとよいでしょう。また、テーブルクロスや、ナプキンの色にすると、楽しげな雰囲気になるでしょう。

この部屋のインテリアには、時間をかけて、じっくり取り組んでください。色使いの参考にした古い本を、マントルピースの上に積んで、視線を集めるポイントにします。

フラミンゴの夢

鮮やかなフラミンゴ（**1**）は、子ども部屋でも、大人の寝室や化粧室でも、同じように映える色です。こういう彩度の高い色は、一見子どもっぽい印象を受けますが、ポーセリンや、オーキッドのような洗練された色と組み合わせると、まったく違うイメージの部屋を作ることができます。

住まいのどんな場所にでも、ピンクは楽しさと、力を与えてくれる。

濃淡の異なるポーセリングレー（**2**、**3**）は、明るいピンクにとって、最高のアクセントカラーです。クールでニュートラルな色は、まるでピンク系の強烈さを吸い取ってしまうかのよう。ガラス製のテーブルとか、大型の衣装だんすなど、直線的でなめらかな家具に、取り入れてください。

スウィートオーキッド（**4**）と、ディープパープル（**5**）は、ファブリックの柄に取り入れたい色です。

一風変わった要素をプラスしましょう。古い衣装だんすの取っ手を、パープルのガラス製に変えるとか、古い素焼きの鉢をペイントし、花を飾ってみてはいかがでしょう。

カラーパレット早見表

遊び盛り、生意気盛り

楽しくて元気なカラーパレット。子ども部屋に使うだけでは、もったいない。

ロージーピンク(**1**)は、ブルーやブルーがかったグリーンのような、よりクールな色と組み合わせた時、もっとも映えます。この力強い色の組み合わせは、モダンで明るいキッチンにぴったりです。食器棚のドアに、ピンクのラミネート化粧板を選び、カラフルで、楽しい小物をたくさん飾りましょう。

トゥルーアクア／ターコイズ(**2**)は、たいへん人目を引く色で、住まいのどの部分にも使えます。この色と、より穏やかなダックエッグ・ブルー(**3**)の2色を、ピンクと組み合わせると、ピンクの鮮烈さが抑えられます。

みずみずしい植物のようなライムグリーン(**4**、**5**)は、楽しいアクセントカラーです。一風変わったデザインの、プラスチック製キッチンツールや、つやのある陶磁器や、ガラスボウルをライム色にすれば、実用的なアイテムが、インテリアの一部になります。

シンクやコンロ回りの壁を、これら5色のタイルを使い、カラフルなモザイクの壁にしてみてはいかがでしょう。

ピンク系 43

ロマンチックなパールの輝き

カーネーション（**1**）には、シェルやパールといったナチュラルカラーが、よく合います。ベースにこういった強い色を使う場合は、部屋の印象をやわらげるハイライトカラーが必要です。このパレットに一番合うのは寝室です。淡いローズ色のシャンデリアや、サテン地のキルト・スロー、クリーム色の毛足の長いカーペットで、装飾しましょう。

甘いピンク色は、優しく香る女性の部屋に。

2色のアクセントカラーは、貝殻と、貝の真珠層の、自然な色合いにヒントを得ました。表面がシェルやパール風のアクセサリーを取り入れましょう。たとえば、コースターやジュエリーボックス、小さなボウルやソープディッシュなどです。パールで作られた小物は年代物に多いのですが、現代でも、パール風に仕上げた、きれいな小物がたくさん作られています。

繊細なピンク（**2**）と、シェル（**3**）のペイントに、パールの光沢剤を混ぜて塗ると、きらめきをプラスできます。

ハニー（**4**）と、地衣植物の色、ライケン（**5**）は、甘い色合いのパレットに渋みを加え、落ち着かせてくれます。

カラーパレット早見表

心の安らぐ静寂の色

モダンなバスルームに
向く、愛らしけれど、
クールな色使い。

甘すぎない魅力的なラベンダー（**1**）を、モダンなヒヤシンスブルーや、明るいバイオレットと組み合わせると、親しみやすく、印象的なパレットになります。バスルームのディテールには気を配ってください。たとえば、クロームのパーツを上質な物にし、壁や床にはタイルではなく、色つきのラバーを張って仕上げるのが、おすすめです。

ブルーは、室内に穏やかな雰囲気を生み出してくれます。バイオレット（**2**）と、クールなヒヤシンスブルー（**3**）は、可愛らしいピンク色の部屋に落ち着きを与えてくれます。この2色を、バスルーム用のウッドパネルや、キャビネットといった、木部すべてに使ってください。

オーキッド（**5**）は、室内のクールな印象をやわらげる、セクシーなアクセントカラーです。この色を、タオルや、素材に高級感のあるバスマットの色にしましょう。

アイスブルー（**4**）の繊細な色合いは、強い色同士のバランスを取るのに役立ちます。この色を、床やシャワーカーテンに取り入れてください。

ピンク系 **45**

現代的な折衷主義

コットンキャンディ（**1**）は、ガーリーな装飾以外にも使える色です。このパレットのように、ピンク、レモン、ローズという強い色を組み合わせるなら、大胆さが大切です。アクセントカラーに、こういった意外性のある色をほんの少し加えると、空間は、とても個性的で、モダンになります。

天然の色と、人工的な色とを組み合わせた個性的なパレット。

ダスティローズ（**2**）を、木部とファブリックの色に使いましょう。薄手で光を通す、バタリーレモン（**3**）のファブリックで、ソフトなカーテンを作ります。

この部屋では、ハイライトカラーがたいへん重要です。色はシャープなほどいいでしょう。ターコイズと、ピーチ（**4**、**5**）というネオンカラーのアクセントが入ることで、部屋の印象が、いきいきとしてくるはずです。

このパレットで生み出されるドラマを、さらに強調するためには、アクセントカラーの素材に、ガラスや透明のプラスチックを選び、これらの物に光源を直接向けます。

カラーパレット早見表

ストロベリーのチョコ・フォンダン

**セクシーな
ストロベリーピンクは、
甘く魅惑的な部屋を作る。**

ストロベリームース(**1**)は、自然光がさんさんと差し込む日中も、キャンドルがロマンチックな光を放つ夕べにも、室内で美しく映える色です。特に寝室に向いています。ビーズ刺繍のクッションや、フラワーモチーフのキャンドル・ホルダーを部屋のアクセントに。カーテンや、シェードの代わりに、ローズ色のモスリンを重ねて窓を彩っては？

中央に甘いイチゴが入った、濃厚な味わいの高級チョコレートをヒントにした、色の組み合わせです。この2種類のチョコ色を、木部やアクセントカラーとして使ってください。ミルクチョコレート(**2**)は、豪華な革張りソファや、スエード張りの椅子に。ビターチョコレート(**3**)は、窓枠や、幅木に。

大胆さを極めるなら、リビングにホットピンクを使ってみてください。ロマンチックな夕べのひとときに、キャンドルを灯し、モカのお香を焚いて、ピンク色のカシミアのソファスローに心地よく、くるまりましょう。

ラズベリーフォンダン(**4**)と、ターキッシュキャンディ(**5**)という、明るい色味のキッチュな装飾品を集めて飾り、楽しいムード作りを。

ちょっと物憂げ、でもチャーミング

たちまち心が安らぎ、元気になれるカラーパレットです。ベビーピンク（**1**）は、どんなインテリアにも合う、いきいきとした色ですが、これに、やわらかな2色のラベンダーを組み合わせると、物憂げで、くつろいだ雰囲気が強くなります。そこで、シャープなバブルガムピンクをプラスすれば、エネルギー量がアップ。エネルギーを増やすアクセントは、モダンな部屋には欠かせません。

娯楽のスペースには、ピンク色でエネルギーをチャージ。

ダスティプラム（**2**）と、パウダリーラベンダー（**3**）を木部に使うと、メインカラーのベビーピンク（**1**）が、大人っぽい色に見えます。もし、部屋の壁全体をピンクに塗って強すぎると感じたら、1枚の壁だけ、または部屋のくぼんだ部分だけに、こちらの色を塗ってみてください。

この部屋のアクセントカラーは、色の彩度や活力という面で、対照的な2色です。バブルガム（**5**）は、カクテルグラスや、フレームに入れて壁に飾る、きわどいイラストといった、楽しい装飾品に使ってください。一方、ソフトブラウン（**4**）は、内省的で心をなだめてくれる色。この愛嬌のあるパレットをいっそう、やさしい雰囲気に仕上げてくれます。

カラーパレット早見表

ピンク色の花を集めて

ヘザーからラベンダーまで、匂い立つような、花のパレット。

みずみずしい春の庭を思わせる、花の色のパレットは、バスルームやフェミニンな寝室にぴったりです。オーキッド（**1**）に、ラベンダーとバイオレットの2色を加えて、いきいきと。アロマキャンドルと花柄のファブリックを加えれば、部屋が温室のような雰囲気になるでしょう。

同じ色の濃淡の組み合わせは、対照的な2色を取り入れるよりも、むしろインパクトが強くなり、面白い効果の得られる場合があります。濃い色は、ガーリッシュに見えにくく、同系の淡い色と組み合わせると、よりデザイン性が増します。

ヒースの色である、ヘザー（**2**、**3**）は、部屋のメインカラーであるピンクを、より魅力的に見せてくれます。細工の細かい木部や、ソフトな椅子のカバーに、これらの色を使いましょう。

ブルーヒヤシンス（**4**、**5**）は、強い色なので、部分的に使ってください。まるで、花々をしっかり大地に根付かせるように、部屋の雰囲気を落ち着かせてくれる、効果抜群の色です。

アンティーク食器の色

シェル（**1**）は、繊細で淡いピンク。この色は、明るい光の差し込むリビングや、サンルームにぴったりです。ソフトで若干グレーがかったピンク、グリーン、モーブは、色あせた年代物のファブリックや、アンティークのビーズハンドバッグの色合いに、ヒントを得たもの。室内に、蚤の市や古物店で手に入れた品々——たとえば、張り地でくるまれたアームチェア——を飾りましょう。

けだるい午後を読書で過ごすなら、これ以上の部屋はない。

このパレットを成功させている要因は、組み合わせた色の繊細さと、メリハリをつけないように、色味を抑えたアクセントカラーにあります。もし、もっと可愛らしい色を取り入れたら、その途端に、この部屋のエレガントな空気は失われてしまいます。

ソフトなセージグリーン（**2**、**3**）を、ベルベットなどのファブリックの色に選び、デザインが不揃いの、古いアームチェアをカバーしてしまいましょう。また、窓枠やドアなどの木部を、この色で塗装しましょう。

2種類の、優美なダスティモーブ（**4**、**5**）は、ピンクとグリーンに、とてもよく合います。これらすべての色味を、あせたような色合いの花柄プリントで取り入れ、クッションや古い本のカバーに使います。

カラーパレット早見表

センセーショナルで官能的

人目を引く色のステージでは、装飾品がスターの役割を果たす。

メインカラーのティンテッド・ピンクポーセリン(**1**)は、この部屋によく馴染み、特に意識が向かないほどです。周囲を圧倒することなく、部屋のハイライトをさりげなく縁取る、すばらしい背景色です。アートギャラリーのように、部屋の中央に装飾品を置き、その周囲も、ギャラリーを参考に、飾ってみましょう。

ピーチオーガンザ(**3**)のボイル地を重ねて、カーテンにしたり、テレビや本棚といった実用品が目に付かないよう、隠してしまいます。

ソフトなピーチメルバ(**2**)は、木部の細工や床に使える色ですが、常にシンプルで、小ぎれいな状態を保つようにしてください。

ポピー(**5**)や、うるし塗りの赤である、ジャパニーズ・ラッカードレッド(**4**)の、お気に入りの品物を飾りましょう。たとえば、アンティークの絹の着物を、暖炉の上に吊したり、ムラノガラスのどっしりとしたガラス器を飾ってみてはいかがでしょうか。またこれらの色のシルクシャンタンや、モアレを使って、ソファに並べる小さめのクッションをたくさん作ってみては？

ピンク系　51

洗い立ての、ピュアな輝き

住まいのどの部屋でも、ホワイト、またはオフホワイトで塗装すると、たちまち清潔で、明るく、真っさらな印象に変えることができます。ブラッシュ(**1**)のように、色抜けしたようなパステルトーンは、寝室やバスルームに、向く色です。フレンチ・モノグラムのタオルや刺繍を施したベッドリネンを、部屋のアクセントに。ドライ・ラベンダーをバスケットに入れて置いておけば、部屋にぴったりのさわやかな香りが漂います。

明度の高い色の組み合わせで、ピュアな仕上がりに。

この部屋の主なアクセントカラーは、どちらもクールで、穏やかな色です。淡いダブ(**2**)を、ベッドのフレームやヘッドボード、床板といった、木部に塗ってください。

淡いブルー(**3**)は、家具の色にするといいでしょう。ソフトピンクと、とても相性がいい色です。

ダスキーパウダー(**4**)と、サンビーム(**5**)は、部屋を可愛らしく演出してくれる小道具の色に。細いストライプのベッドリネンで、ランプシェードとクッションのカバーを作ったり、大きな陶磁器のボウルに、石けんや、造花、貝殻を入れて飾るといいでしょう。

カラーパレット早見表

光あふれるトスカーナ

太陽の温もりを感じさせる色は、カントリーキッチンにぴったり。

タスカンピンク（**1**）と、ゴールデンテラコッタの組み合わせは、イタリアはトスカーナ地方の、淡い黄土とパスタ色のカントリーハウスからヒントを得ました。これら伝統色は、キッチンに心地よい空気を運んでくれます。手作りのテラコッタ・ボウルに、パンやレモンを入れて、飾りましょう。

フロアタイルと、調理台をテラコッタ（**2**）にし、正統派のカントリースタイルに仕上げましょう。今日では、本物のテラコッタや、テラコッタそっくりのタイルを、販売しているショップがたくさんありますし、色のバリエーションも豊富です。

温かみのあるアプリコット（**3**）も、カントリーキッチンにぴったり。作りたてのジャムや、愛らしい野の花を思わせる色です。この色を、カーテンや、キッチンに置く椅子のクッションに。また、キッチン用ガーデンに続くドアを、この色に塗り替えましょう。

濃厚なクリーム（**4**）で天井を塗り、より光を感じさせる部屋に。わずかに明度を下げたクリーム（**5**）は、プレートやミルクジャグの色にしましょう。

# 花々のあふれる、ガーデンパーティ

花の香りが漂ってくるような愛らしい色、ローズ(**1**)。この匂い立つような美しいパレットは、寝室や、愛されるリビングにぴったり。お好みで、花をたくさん飾ってもいいですし、反対に装飾をシンプルにし、色の魔法を楽しんでもいいでしょう。

花のようなピンク色に、英国の花柄ファブリックを組み合わせる。

アイボリー(**2**)は、すべての木部の色にするといいでしょう。どの程度カントリー風に見せたいか、というお好みによって、つやあり、つやなしのどちらに仕上げるか、決めてください。

ストーン(**3**)は、グリーンがかったニュートラルカラーで、衣装だんすのような、大型家具の塗装の色に向きます。このソフトなニュートラルは、部屋を取り囲むピンク系の色たちの、すばらしい背景になってくれます。

牡丹の花の色、ピオニー(**4**)と、金魚草の花の色、スナップドラゴン(**5**)は、直接、家の庭から取り入れましょう。また、この2色を使ったストライプや、花柄のテキスタイルなら、切り花を飾るのと同じような、愛らしい雰囲気が演出できます。

カラーパレット早見表

装飾的なバロック・エレガンス

スケールの大きい
装飾に向く、
高級感のあるパレット。

アンティークピンク（**1**）は、ゴージャスな装飾品を引き立ててくれる背景色です。インテリアを、荘厳に仕上げてみましょう。バロック調の装飾的な家具や、16世紀に創作された、ヨーロッパの芸術作品のレプリカを配置します。デカダンなバスルームやリビングに、最適のパレットです。

ペールゴールド（**3**）は、芸術的な曲線を輝かせてくれます。絵画や鏡のフレームのような細部に、この色を取り入れて、光をとらえましょう。

家具を、濃いクリーム（**2**）で塗り、縁だけは、ゴールドで仕上げます。渦巻き模様のドアノブや、枝付き燭台も、ゴールドにするといいでしょう。

深みのあるブラックベリー（**5**）を、床の色に。毛足の長いカーペットや、ラグマットを選びましょう。

ビーナスレッド（**4**）のプラッシュベルベットを椅子のシートカバーに。この熱い色をした、特別な装飾品を、2〜3点用意しましょう。たとえば、ガラスの花瓶や、アンティークな香水瓶などがいいでしょう。

都会的なグラフィック・アート調

珍しくも、コーラル（**1**）を、ミニマルなインテリアに使います。この歴史的な「女性の色」と組み合わせるのは、ニュートラルカラーと、クールな青緑という対照的な色合い。この現代的なパレットは、オープンプランのリビングスペースに最適です。コーナーごとに色を変えて、空間をさりげなく仕切ることができます。

対照的な色使いで、仕切りのないオープンプランを印象づける。

セメント（**2**、**3**）は、鮮やかな色と組み合わせると、たいへん見映えがする色です。モダンなデザインの店舗を参考にし、つやのある、カラーコンクリートを、床材や室内の柱に使います。

ダスティブルー（**4**）は、ソファや寝椅子など、大型で、独立した家具の色にするといいでしょう。

ティール（**5**）のような強い色を、キッチンの造作の色に。オープンプランのインテリアでは、キッチンをホワイトで隠してしまおうとするよりも、はっきりとした色で特徴づけることをおすすめします。

カラーパレット早見表

花とミント

野に咲く花々を
思わせるパレット。

スイートピー(**1**)は、バスルーム、ゲスト用の寝室、またはガーデンルームに、楽しさと温もりを与えてくれる色です。このピンク色を、2、3面の壁だけに塗ってください。すべて塗ってしまうと、強すぎるからです。残りの壁は、ミルク(**3**)で塗るか、ピンクとホワイトが、ストライプになった壁紙を張り、強いメインカラーとバランスを取ります。

このスイートピー・モーブ(**2**)は、タオルやベッドカバー、ピローケースに施す花の刺繍の色にするといいでしょう。1脚の木製椅子を塗装し、花柄のファブリックでシートカバーを作り、バスルームのコーナーに置きます。

ミント(**4**)と、あざみの葉色、シースルグリーン(**5**)は、バスルームや寝室に置く、ガラスやプラスチックの小物の色にしたい、シャープなアクセントカラーです。この2色がストライプになったファブリックで、ランプシェードのカバーを作ります。ゲストをお迎えする寝室には、インテリアに調和する色のタオルと、生花を用意し、すみれの砂糖漬けをベッドサイドに置いておきます。

… ピンク系　57

演劇風の、キャバレースタイル

甘美で官能的なボラプチャスピンク(**1**)は、たちまち、魅惑的で刺激的なムードを、室内に生み出してくれます。重厚なカーテンをさげ、照明は暗めにしてください。ライトよりも、壁付けの燭台を使いたいものです。ベッドを台座の上に置けば、よりドラマチックなムードになります。

ムーランルージュを思わせる、デカダンな寝室。

つやのあるブラック(**2**)を、窓枠、幅木、ドアに使ってください。装飾的な鏡のフレームも、同じ色で塗ります。カーテンロッドもブラックを。両端が巻き上がったアイアンのタイプを選んでください。

レース地で、深みのあるパープル(**3**)のカーテンを作りましょう。または、誘惑的なベッドスプレッドを作ってみては。

スレートグリーン(**4**)や、ダスティグリーン(**5**)は、しなやかなシルクのベッドカバーに、ぴったりの色です。

この部屋の装飾品には、お金をかけてください。花瓶いっぱいに、鳥の長い羽根を差し、ベッドには、ビーズ刺繍の小型クッションを、たくさん散らします。

カラーパレット早見表

愉快なインドア・ピクニック

室内でファミリー・ピクニックをするかのような、明るく楽しいパレット。

フューシャ（**1**）をメインにした、派手なパレットは、ファミリールームにぴったりです。壁や家具は、すっきりとしたラインを強調するように、装飾を控えめにします。ただし、飾る物はうんと楽しく。椅子、食器棚、ピクチャーフレームは、明るい色に塗り替えてもいいでしょう。

明るいペールイエロー（**2**、**3**）は、室内に、自然光が差し込んでいるように見せてくれる色です。

この部屋の装飾品は、キッチュな物や、遊び心あふれる物を選びましょう。シュガーピンク（**4**）や、ゴールデンイエロー（**5**）のプラスチック皿や、カトラリーを用意します。これらの色が使われている、グラフィック調の花柄や、水玉模様のプリント地を探しましょう。

多色がストライプになったテーブルクロスを、ピクニック・ブランケットとして使います。子どものパーティには、カラフルな料理をたくさん用意します。たとえば、ピンクとイエローのカップケーキや、ピンクのレモネードなどはいかがでしょう。

まばゆいサンセットの光

濃いベリー（**1**）には、部屋を元気にしてくれる、輝くようなハイライトカラーが必要です。このピンクはとても暗い色なので、部屋を狭く見せてしまうことがあるからです。そのため、1枚の壁には、ペールピーチ（**3**）を塗るといいかもしれません。この部屋では、照明がポイントです。資金に余裕があれば、壁にネオンサインを取りつけてもいいでしょう。

輝くオレンジの差し色が、
深いピンクの部屋を、
明るく照らしてくれる。

ピンキーグレー（**2**）は、この部屋に使われている強い色の印象を、やわらげてくれる効果があります。このエレガントな色を、カーペットや豪華なスエード張りのソファ類の色にしましょう。

ペールピーチ（**3**）は、木部に使いたい美しい色です。メインカラーの暗いピンクと、さりげないコントラストをつけることができます。

サンセットオレンジ（**5**）と、蛍光色風のデイグローピーチ（**4**）とを、カラーガラスの壁づけ照明や、装飾品の色に。また、これらの色を使ったグラフィック・パターンのファブリックで、クッションを作りましょう。

レッド系
(Reds)

ワイン (wine)	p. 62
ポート (port)	p. 63
レッドアース (red earth)	p. 64
クリムゾン (crimson)	p. 65
バーミリオン (vermilion)	p. 66
ダスティローゼット (dusty roseate)	p. 67
レッド・ローズペタル (red rose petal)	p. 68
モダンコーラル (modern coral)	p. 69
ネオンレッド (neon red)	p. 70
チェリー (cherry)	p. 71
テラコッタ (terra-cotta)	p. 72
ガーネット (garnet)	p. 73
フレーム (flame)	p. 74
ルビー (ruby)	p. 75
アカデミーレッド (academy red)	p. 76
ラスト (rust)	p. 77
ラディッキオ (radicchio)	p. 78
クラレット (claret)	p. 79

カラーパレット早見表

古典的で個性的

日本のスタイルを意識した厳格なパレット。

このインテリアに、偶発的な要素は一切ありません──すべてにしかるべき配置と機能があります。特徴は、直線的でシンプルな形。木製家具は黒の漆塗りで仕上げられ、イメージは伝統的な和のスタイルです。この深く、濃いワイン（**1**）は、落ち着ける、ダイニングスペースを作ります。

この部屋には、ほとんど装飾が必要ありません。平面やラインを、すっきりさせることのほうが大切です。

パーチメント（**3**）は、シンプルな紙のランプシェードや、紙を張った引き戸の色に使いましょう。できれば、ロウ引きか、手漉きの紙を使いたいもの。本格的な印象になります。

室内を活気づけてくれるゴールド（**5**）は、椅子のクッションや、小さなフロアラグに使いましょう。

つやのあるブラックラッカー（**2**）を、ハイバックの椅子とテーブルに。レッド（**4**）は、タッセルや日本の花のような、小道具に使います。

官能的なベリー色

ポート（**1**）は、青味がかったレッド系の色です。異なるレッド同士を組み合わせる場合は、必ず、同系統のレッドにしてください。つまり、青味か、黄味のどちらかに統一するのです。グリーンは色相環で、相対する色ですが、レッドにドラマチックなコントラストをつけてくれます。

**美感に訴える
濃いベリーカラーは、
大胆に取り入れる。**

メインカラーを暗くした、美しいエッグプラント（**2**）は、木部と床に。カーペットの色、または古色を帯びた、パティーナタイルの色にしましょう。

やはり、青味がかったレッドの仲間で、他のレッドと相性のよいシクラメン（**3**）は、ファブリックに使いたい色です。お気に入りの古い椅子やソファを、シクラメン色のベルベットでカバーすると、実用的でありながら、楽しい、部屋のポイントになります。

このパレットの反対色である、クロロフィル（**4**）と、くっきりとしたターコイズ（**5**）は、躍動感を生み出してくれます。この衝撃的な色合いを、フレームに入れた版画や、クッション、楽しいガラス器といった装飾品の色で取り入れましょう。

カラーパレット早見表

土の匂いがする、自然の色たち

イメージは、
自然から手に入れた、
鉱物の色。

最初の塗料は、岩や土から取った顔料から作られました。オーカー、シェンナ、アンバー、レッドアース（**1**）は、どんなスペースにも、くつろげる雰囲気を与えてくれる、自然の色です。天然素材の塗料も幅広く用意されているので、毒性のない壁材を選びましょう。

サンドと、ストーン（**2**、**3**）は、とても心地よい色なので、2色一緒に、木部と床に使うと、さりげない効果を上げてくれます。ナチュラルな、ジュートのマットを敷くのもいいでしょう。トーンを変えた、同じ色の組み合わせは、自然をまねた賢い方法です。くっきりとしたコントラストと同様に、微妙な色の差が、人の気を引くことは、少なくありません。

鉄鉱石の色、アイアンオー（**4**）と、深いシェンナ（**5**）は、豊かで、際限ない可能性を与えてくれるベーシックな色です。これらの色を、麻やヘンプといった天然素材のファブリックで取り入れましょう。石器や土器、濃い色の木を、装飾に使います。

笑顔を運ぶ、陽気な色

クリムゾン（**1**）は、原色のひとつ。このように純粋なクリムゾンは、部屋を、楽しさと笑いで満たしてくれます。このパレットは、ファミリールームや、オープンプランの楽しいキッチンに。こういったくつろぎのスペースで、天真爛漫で、愉快な雰囲気を、たちまち生み出してくれるパレットです。この部屋には、耐久性のある実用的な家具を置きましょう。

屈託のない色たちは、住む人を笑顔にする。

ドーンブルー（**2**）は、ホワイトの代わりに、木部に使ってください。この白っぽいブルーは、強烈なクリムゾンの壁に、涼しげな空気を運んでくれます。

ブルーベル（**3**）は、プラスチックやその他の人工素材に、ぴったりの色です。人間工学に基づいた椅子や、拭き掃除のしやすい、ビニールフロアを選んでください。

フレーム（**4**）と、ブライトオレンジ（**5**）を、クッションや、キッチンの調理器具の色に。大人と同様に、子どもにも扱いやすい、遊び心のあるプラスチックのキッチンツールを使ってはいかがでしょう。有名デザイナーが作ったコートスタンドや、樹脂かプラスチック製の、優美でモダンな掛け時計をアクセントに。

カラーパレット早見表

心を静める瞑想の色

勉強部屋には、瞑想的な色を、慎重に使う。

控えめでありながらも、躍動感を感じさせるバーミリオン（**1**）。勇ましいイメージのある色なので、クラシックで洗練された色を組みあわせて、バランスを取りましょう。クールなグレーと、ニュートラルなブルーという、大人っぽい色を組み合わせると、ほどよくメリハリのついた、モダンなパレットが完成します。グレー系は、スマートで、豪華さのある、インテリアカラーです。

ニュートラルカラーは、クールにもウォームにも成り得ます。昔は、単調で退屈な色と見られてきましたが、今ではくつろぎや、いやしの色として、その魅力が認められています。

ナチュラルなストーン（**2**）と、雨雲の色、レインクラウド（**3**）は、メインのレッドを落ち着かせてくれる色です。フローリングや敷物、読書用のくつろげる椅子に、これらの色を取り入れてみましょう。

深みのあるチャコール（**4**）を、ブラックの代わりに使うのが流行です。暖炉の回り、ピクチャーフレーム、本棚を、この色にしてみましょう。

ブルー（**5**）の差し色は、クッションやデスク上の小物類に。

ソフトで、フェミニン

愛らしいペールトーンのアクセントカラーを組み合わせ、ダスティローゼット(**1**)に華やぎを与えます。ソフトで、ややグレーがかったレッドを選べば、濃い色でも、強くなりすぎません。どれも、ソフトな色合いですが魅惑的。表面はマットに仕上げます。

やわらかな色を、アンティーク風に仕上げる。

マートルグリーン(**2**)は、寝室や居間用のファブリックとして、大きな面積を占めるのに適した色です。やわらかい素材を使い、椅子やサイドテーブルのカバーを作りましょう。

コーラル(**3**)は、木部、食器棚、衣装だんすの塗料の色に。一度塗りにし、余分な塗料はこすり落として、ところどころ自然な木肌をのぞかせるように、仕上げます。

ペールピーチ(**4**)と、パナマハット(**5**)は、この部屋の装飾的なモチーフと、建築上の特徴を際だたせるのに、ぴったりの色です。ファブリックは、麻か木綿100％の、ナチュラルな素材感のある物を選んでください。

カラーパレット早見表

スパイシーなモロッコスタイル

強い芳香で満たした、陶酔の部屋。

熱く焼け付くようなレッド・ローズペタル（**1**）は、享楽的で放縦な印象の部屋に、甘い背景を提供してくれます。味付けが濃く、派手に装飾されたこの部屋は、娯楽用に最適です。カラフルなモロッコのティーグラスにキャンドルを入れ、テーブルにたくさん並べましょう。

マルベリー（**1**）は、ローズペタルとは異なったトーンのレッド。この部屋の華麗な印象をいっそう強めてくれます。伝統的な座面の低い椅子の色に取り入れましょう。また、この色を、インディゴや、ルビー色のモロッコシルクと組み合わせ、クッションや、丈の長いカーテンを作ってください。

マホガニー（**3**）は、ローテーブルや暖炉といった、木製家具や木部の色に。

パープルのアクセントカラー（**4、5**）は、柄物のファブリックに最適です。また、パープルの食器に、香りの強い料理を盛りつけましょう。カラーガラスのランタンをさげ、ほのかな明かりを楽しんでください。

刺激的な目覚めの色

活気と温もりを感じさせるモダンコーラル（**1**）は、バスルームや、シャワールームに最適です。レッドとターコイズという、対照的な色を組み合わせた、目にも鮮やかなこのパレットは、さわやかで、元気を与えてくれます。たとえ他の部屋は、穏やかでナチュラルな色使いだとしても、バスルームだけは、本当に好きな色を使いましょう。

気分をすっきりさせたいなら、バスルームは、ダイナミックな色使いに。

彩度の違う2色のターコイズブルー（**2**、**3**）を、壁と床のタイルに使いましょう。コーラルのタイルも2～3枚入れてください。淡いほうのブルー（**3**）は、シャワーカーテンや、トイレのシートカバーにも。

バイオレット（**4**）と、ネオンピンク（**5**）は、モダンなハイライトカラーとして控えめに使い、ユーモアのセンスを加味します。この、派手派手しい色合いは、キッチュなプラスチック小物に使いたいものです。

お気に入りの言葉や、マントラをプリントしたウォールステッカーを、壁に張りめぐらせましょう。

カラーパレット早見表

ショッキングレッドで、大胆に

ネオンカラーと、ペールカラーが絶妙にマッチした、モダンで大胆なパレット。

強烈なネオンレッド（**1**）は、階段の吹き抜けや、暗いスペースに最適の色です。こういった鮮やかな色は、玄関など、家族が動き回る場所に使うべきです。このネオンレッドで、スペースに躍動感を与えましょう。他の鮮やかなレッドと組み合わせるのは、御法度です。この色のインパクトが死んでしまうためです。

控えめなピンク（**2**、**3**）は、室内が軽薄なムードになりすぎないよう、元気なメインカラーを、落ち着かせてくれる効果があります。壁の色とコントラストをつけるために、これらの微妙なピンク色で、天井、幅木、ピクチャーフレームを塗るといいでしょう。古い布張りの椅子を、ソフトピンクのシルクでカバーし、アンティークとコンテンポラリーを、あえて衝突させてみてはいかがでしょう。

レモンライムと、ネオンイエロー（**4**、**5**）はランプや照明に、ぴったりの色です。ドラマチックで、サイズの大きい1960年代のスタンドを、階段の踊り場に置いてポイントにしてみては。

サクランボと花の色

コーラルや、ピンクに近い、美しいチェリー(**1**)は、クラシック、モダンのいずれのインテリアにも、たやすく溶け込む色です。ゆったり過ごすタベの時間と、さわやかに晴れ渡ったお昼の時間の、どちらにも映えるパレットを作りたいと、華麗なレッドを、対照的な淡い色と組み合わせました。ほんのりとしたピンクと、つぼみのグリーンを加えた、ナチュラルで、洗練されたパレットです。

鮮やかなチェリーレッドに、春の花々の色が加わり、くつろいだ印象に。

繊細なブロッサム(**2**)は、木部、窓枠の色に。伝統的な装飾の施された部屋なら、凝った天井の細工に、塗りたい色です。

ソフトなベースグリーン(**3**)は、ラグ、カーテンなどのファブリックに。このようなグリーンが使われている版画や、風景画を壁に飾りましょう。

深いモス(**4**)と、ローズ(**5**)は、この部屋のアクセサリーに使いたい、ナチュラルカラーです。装飾のスタイルは、シンプルでも、豪華でも、お好みどおりでかまいません。

アンティークショップを回って、暖炉用の装飾的なタイルを探してみましょう。このパレットのイメージである、アールヌーボーのインテリアでは、ピンクとグリーンという色使いが象徴的です。

カラーパレット早見表

野暮ったさも、また魅力

天然の色と、仕上げが生きる、直感的なパレット。

ナチュラルなテラコッタ（**1**）と、日干し煉瓦の色を組み合わせた、キッチンにぴったりのパレットです。温かな色合いは、居心地のよい、ファミリー向けの雰囲気を生み出します。床には天然石を敷き、ところどころ塗装のはげた、アンティークなパイン家具を置きましょう。昔風の暖炉は、部屋のポイント作りに最適です。

黄味がかったボーン（**2**）は、ファミリールームに使うには、かなり淡い色です。二部づやのある、エッグシェル塗料の色に。また、拭き掃除ができる椅子カバー用の、撥水性の布のある色にしてください。

淡いパイン（**3**）の家具には、どっしりと落ち着いた雰囲気があります。

マッド（**4**）と、キドニービーン（**5**）は、やさしいカントリー風の色合いです。深いサラダボウルや、タイルを張った作業台、暖炉のそばに置く革張りの椅子の色に。

こういった、馴染みやすく、くつろげる色には流行がありません。家具は長く使える物を手に入れ、変化をつけたくなったら、絵や花を変えましょう。

深紅に、宝石を散りばめて

ルビー、ガーネット（**1**）、コーラル、ジェイド、エメラルド――華やかな色が詰まったこの宝石箱は、どの部屋でも、ぜいたくな雰囲気に変えてくれます。光沢材や、パール顔料を使うといった新しい表面仕上げを試してみましょう。これらの色がいっそう強調されます。

濃い色の詰まった宝石箱。色が装飾の役目を果たす。

フレーム系の2色（**2**、**3**）は、よく似ていますが、この部屋の色の深さを強調するために、2色を一緒に使います。光沢仕上げのテーブルトップや、食器棚のドアや、磨き上げた床の色に。

松葉の色、パインニードル・グリーン（**5**）は、伝統的な、椅子張り地の色ですが、モダンな家具の形に添わせれば、現代的な印象になるでしょう。

躍動感のあるターコイズ（**4**）は、クッション用の、きらめくファブリックや、ガラスビーズのタッセルがついた、ランプの色にしてください。

シールタイプの、ルビー色のラインストーンを壁に貼り、オリジナリティを出すのもいいでしょう。

カラーパレット早見表

エキゾチックな炎の色

燃えるような赤い壁は、情熱的で、心を誘う。

室内から、庭へと、色があふれ出すようです。フレーム(**1**)、ピンク、オレンジという組み合わせは、夏のパーティを思わせます。座面の低い椅子、ラグ、クッション、カラーガラスのランタンを用意し、パティオに出るドアには、スパンコールの光るサリー地のカーテンをさげましょう。

この部屋は、外国に旅をして集めた珍しい品々が集まっています。カラフルなインドシルクと、古典的なインドネシアのバティックの両方を、クッションやカーテンにします。ウィンド・チャイムを木の間に吊し、インドのお香、ナグチャンパを焚きましょう。

対照的な柄や素材に、これらの強い色を組み合わせて使います。深いレッドとオレンジ(**2**、**3**)色をした、伝統的なインドの仏塔や大きな日傘を飾り、黒檀の家具を配置し、マゼンタ(**4**、**5**)のシルクをクッションにします。

高級感あふれるビロードカラー

深いルビー（**1**）は、豪華さ、ぜいたくさを暗示する色です。内装材の上質さは欠かせません。たとえばビロード、毛足の長いカーペット、バックスキンを張ったチェア、光沢の美しいラッカー仕上げのテーブル、レッドのベネチアンガラス器などが合うでしょう。細部にこだわり、クラシックで、垢抜けた部屋を作ってください。

富豪のプライベート・ジェットをイメージした、豪華なパレット。

このパレットは、堂々たる玄関ホール、ダイニングスペース、または、隠しドアと、ほの暗く照らされた鏡のある、豪華な化粧室に向きます。内装はすべて特注品であるべきです。壁や床を変えるとしたら、ソフトレザーの、パネル張りはいかがでしょう？

ライトクリームと、ソフトヌバック（**2**、**3**）は、革張りの椅子や木部の色にし、ルビーの壁とコントラストをつけます。

ブラックチェリー（**4**）と、ネイビー（**5**）は、この上質感のある色の組み合わせを、完成させる色です。オーストリッチのフットスツールの色や、手作りのドアノブ、エレガントな、ガラスシェードの照明器具の色にしてください。

カラーパレット早見表

貴族の田園生活

伝統的なカントリーコテージを思わせる、高級感のあるパレット。

アカデミーレッド（**1**）、レーシンググリーン、ハンティングブラウンは、英国では、王族を示す色でした。しかし今日では、こういった伝統色を、誰でも身の回りに取り入れることができます。手作りの家具や、田園生活といった長い伝統と同様に、このパレットもまた、年月を経ても忘れられることはないでしょう。

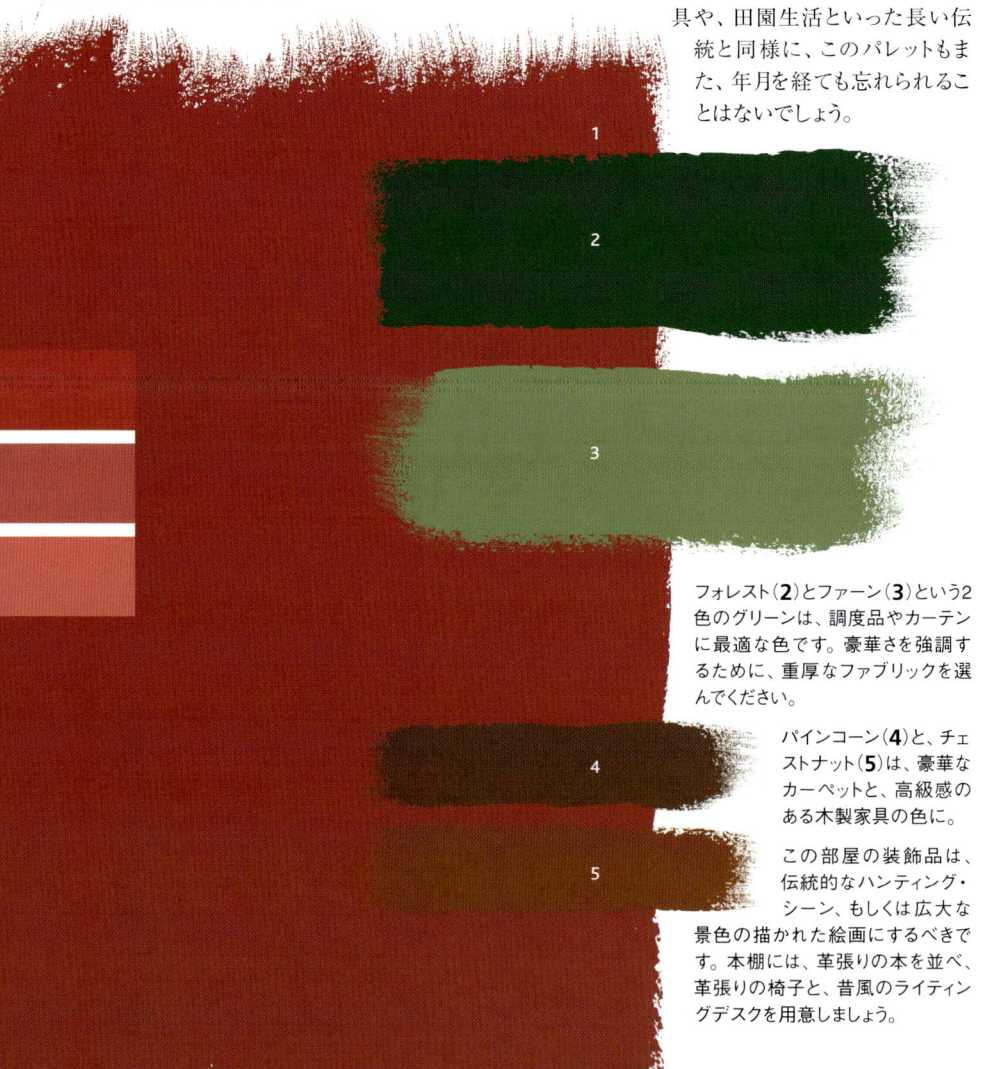

フォレスト（**2**）とファーン（**3**）という2色のグリーンは、調度品やカーテンに最適な色です。豪華さを強調するために、重厚なファブリックを選んでください。

パインコーン（**4**）と、チェストナット（**5**）は、豪華なカーペットと、高級感のある木製家具の色に。

この部屋の装飾品は、伝統的なハンティング・シーン、もしくは広大な景色の描かれた絵画にするべきです。本棚には、革張りの本を並べ、革張りの椅子と、昔風のライティングデスクを用意しましょう。

伝統的な、くつろぎの色

さび色である、ラスト（**1**）をメインにした、くつろぎのパレットです。品のある、スタンダードな色使いなので、歴史的な建物に最適です。しかし、伝統的な住宅でなくてもぜひ使っていただきたい、素晴らしいパレットです。こういったナチュラルカラーを、モダンなリビングに取り入れると、たちまち心地よい雰囲気が生まれます。

バラ色のアンダートーンをもつ、ラストレッドの、落ち着いたパレット。

キッチンやダイニング、居間に向くパレットです。濃いラストレッドは、ナチュラルカラーの多くの色相をたやすく受け入れるため、色の組み合わせがしやすい背景色です。

ブリック（**2**）と鶏卵の色、ヘンズエッグ（**3**）は、どちらも同じくらい使いやすい色です。住宅の内外装の木部や、木、タイル、ビニールといった、いずれの床材にも合います。

ストロー（**4**）は、椅子の張り地やカーテンに最適の色です。柄物やストライプ地のファブリックで、この色をホワイトと取り合わせると、フレッシュな印象になります。

サニーイエロー（**5**）を、食器棚やサイドボードに並べる、プレートやティーカップの色にすると、室内をより明るい印象になります。

カラーパレット早見表

歴史ある邸宅

伝統的な住まいの色を、見直してみる。

今日も手に入る、伝統的な塗料の色を集め、その魅力を最大限に活かしたパレットです。これらの色は、歴史ある邸宅が醸しだす風格を、すぐさま再現してくれます。年月とともに色あせた、古びたファブリックの色は、伝統的な部屋の魅力を増します。ラディッキオ（**1**）は勉強部屋やリビングに最適の色です。

この部屋のハイライトカラーは、歴史ある色ではあっても、古風な色というわけではありません。色を巧みに使い、より現代的な装飾品やデザインと組み合わせることで、このパレットは、とても今日的になります。

ラスト（**2**）は、窓枠、フォトフレーム、幅木に使ってください。

ケチャップ（**3**）は、現代的で大胆なデザインの家具にぴったりの色です。

アーミーグリーン（**4**）と、エアフォースブルー（**5**）は、1940年代によく使われた色ですが、今再び流行しています。ファブリック使いにひとひねりしたければ、軍用の布を使って、クッションカバーを作るといいでしょう。

伝統のアフタヌーン・ティー

クラレット（**1**）が、ペタルピーチと、シフォンオレンジの温かい色合いで、ソフトに見えます。ピンキーミンクのような中間色が、この癖のあるパレットの色を、うまくまとめてくれます。この部屋は装飾的であるべきです。花柄のファブリックを取り入れ、壁にはアンティークのプレートを飾りましょう。友達との楽しい集いの時間には、アフタヌーンティーの伝統を復活させましょう。

赤ぶどう酒と、紅茶染めの布という、味覚も刺激する組み合わせ。

深いレッドは、強い印象をやわらげてくれる、繊細な色を必要とします。ピンキーミンク（**3**）と、コパーブラッシュ（**2**）の2色で、木部を面ごとに塗り分け、さりげないストライプ柄にします。温かで淡いニュートラルカラーは、濃いレッドの強烈さを幾分か吸い取ってくれます。

ペタルピーチ（**4**）と、シフォンオレンジ（**5**）は装飾品の色に。花柄のシルクスカーフで、ミスマッチ感覚のクッションを作りましょう。1940年代のハンドバッグ、靴、手袋、ベールのついた帽子を、ピクチャーフレームや、マントルピースに飾りましょう。

ぜひテーブルに置いておきたいのは、アンティークな、花柄のティーセットです。バラの花や、昔風のキャンディを一緒に飾ってください。

オレンジ&ブラウン系
(Oranges and Browns)

ダークチョコレート (dark chocolate) — p. 82
マホガニー (mahogany) — p. 83
トースト (toast) — p. 84
スパイス (spice) — p. 85
シナモンパンチ (cinnamon punch) — p. 86
パーシモン (persimmon) — p. 87
バーントオレンジ (burned orange) — p. 88
マーマレード (marmalade) — p. 89
タンジェリン (tangerine) — p. 90
オレンジジュース (orange juice) — p. 91
ピーチシャンパン (peach champagne) — p. 92
ネクター (nectar) — p. 93
ピーチ・アンド・クリーム (peaches and cream) — p. 94
オレンジムース (orange mousse) — p. 95
ブリック (brick) — p. 96
キャラメル (caramel) — p. 97
ウォルナット (walnut) — p. 98
サフラン (saffron) — p. 99
キャンディードピール (candied peel) — p. 100
ジンジャー (ginger) — p. 101
コーヒー (coffee) — p. 102
ナツメグ (nutmeg) — p. 103
レザー (leather) — p. 104
ティー (tea) — p. 105

カラーパレット早見表

ビターチョコに甘みを閉じこめて

深いブラウン、ミント、
甘いバイオレットという、
愛くるしい組み合わせ。

ダークチョコレート(**1**)は濃い色ですが、アンダートーンがレッドなので、驚くほど、温かく心地よい雰囲気を、室内にもたらしてくれます。雑踏を忘れ、プライベートな時間を静かに楽しむのには、最高の色です。このような深い色合いは、繭玉の中にいるような感覚を与えてくれるので、自分自身の世界に浸りきることができます。

シュガードバイオレット(**3**)は、とても繊細で愛らしい色。セクシーなチョコブラウンとの相性もぴったりです。このアクセントカラーを木部に使いましょう。椅子の背もたれや、幅木はもちろん、シーリングローズのような天井の装飾に塗りたい色です。

パンジー(**2**)は、くすんだモーブ。ファブリックや、フェザーを詰めた大型のソファや、アームチェアに使いましょう。

ミント(**4**)と、ジェイド(**5**)は、パレットの温度を下げてくれる色です。現代的に仕上げるために、室内のアルコーブに設けた棚をグリーンのガラス製にし、エレガントなグリーンのガラス製シャンデリアを下げます。暖炉の周辺は、グリーンのタイル張りにし、マントルピースの上にグリーンのガラス製キャンドル立てを飾ります。

マホガニーと、木の色たち

磨き上げた、濃い木の色にヒントを得た、ナチュラルカラーのパレット。マホガニー（**1**）の木の色は、深いレッド。手の込んだ個性的な寝室の壁を、この色にしてみてはいかがでしょう。家具と装飾品——たとえば、重厚な四柱式寝台とか、絵画を入れる厚みのあるフレームなど——には、レッドウッドを選んでください。

濃い赤褐色は、ジンジャーやレモンの差し色を加えると、より引き立つ。

オートミール（**2**）は、天然の色を活かした木部や、クローゼットのドアや窓の木製シャッターに。

バターカップ（**3**）は強く、躍動感のある色で、このナチュラルなパレットにモダンな印象を与えてくれます。このハイライトカラーを椅子のカバーの色にしましょう。また、カーテンにすれば、日射しの色を、自然に部屋に取り入れてくれます。

2色のジンジャー（**4**、**5**）は、ベッドカバーと装飾品に最適な色です。ベッドではソフトなサテンの布団カバーと、心地よいフェイクファーの枕という、異素材を組み合わせましょう。古い革装の本と、シンプルな真ちゅうのライトを、ベッドサイドに置きます。

カラーパレット早見表

温めて、こんがり焼いて

元気なキッチンに
ぴったりの、磨き上げた
つやのあるパレット。

トースト(**1**)は、たいへん温かみがある色です。伝統的な色なのですが、華やかなパープル、ピンクと組み合わせて、現代的に。伝統的、現代的な家にかかわらず、このパレットを取り入れれば、暗い冬の夕べを退廃的なムードに、また夏の日の昼を豪華に演出してくれます。

トーストの深い色合いは、キッチンであまり見かけませんが、シェフにもゲストにも必ず、喜ばれる色です。想像しただけで口の中がとろけそうになる、おいしい料理をヒントに、色を選びました。その料理とは、キャラメル・プディングや、ティラミスです。

ダスティプラム(**3**)は、この「おいしそうな」部屋の木部に。ピンクとブラウンの両方を引き立ててくれる、ソフトな色です。ブラックベリー(**2**)は、キッチンのキャビネットの色に。

フューシャ(**4**)と、コーヒー(**5**)は、キッチンの小物とファブリックに。

民族調の伝統色

天然の顔料や、染料の色を集めたカラーパレットには、長い歴史があります。色は土から生まれ、布は羊の毛か動物の皮膚を織って作られています。スパイス（**1**）は、見事なまでにナチュラルな火の色。リビングやダイニングスペースに向く色です。

スパイス・ルートをイメージした、フォークロアなパレット。

シェンナ（**2**）は、丈が低めで、重厚な家具に向く色です。トルコのスタイルを模して、座面の低い椅子と、模様のあるラグを取り入れてみてはいかがでしょう。

ヘンナ（**3**）は、カーテンや大型のクッションに使いたいソフトな色です。天然のウール、麻、ヘンプのファブリックを選びましょう。

サンドストーン（**4**）とアイボリー（**5**）は、伝統的なペイズリー、またはイカットの1色として、他の色と組み合わせるといいでしょう。イカットとは、広くアジアで織られている、美しいシルクの布で、ラグ、スロー、タペストリーなどの種類があります。

カラーパレット早見表

心が晴れる陽気な色

**明るくソフトな色の
グラデーションで、
寝室やバスルームを
楽しく彩る。**

住まいの色選びを、うんと楽しみましょう。デザインに関しては、生真面目に取り組みすぎてしまいがちなので、色使いに関しては、思い切り冒険しましょう。温もりのある、シナモンパンチ(**1**)の魅力を増しているのは、2色のピンクと、ハイライトカラーの、ライプベリー、マンダリンです。

バブルガム(**2**)と、ペールローズ(**3**)は、木部、カーテン、ベッドカバーの色にします。花柄のファブリックを選んで可愛らしく見せても、また、シンプルなストライプや水玉模様で、ひとひねりしてもいいでしょう。ペールローズは、幅木の塗装に使ったり、バスルームのビニールやラミネート加工の床材の色に。

濃いベリー(**4**)の水玉や、ストライプのファブリックは、部屋のアクセントとして使えます。この色で、ベッド用の小さなクッションも作りましょう。

元気なマンダリン(**5**)は、部屋全体を活気づけてくれる、シャープなアクセントカラーです。この色をランプシェードや、引き出しの取っ手に使ってください。

甘く実った柿の色

オレンジレッドの、おいしい柿の色、パーシモン(**1**)は、寝室やファミリールームに向く色です。この色を、ベリーのような、他のフルーツの色と組み合わせると、濃い色でも、ソフトな雰囲気の部屋になります。一方、明度が高いニュートラルな色は、各色のバランスを自然に取って、このパレットの風味を増してくれます。

色鮮やかなフルーツの色には、ソフトで明るいニュートラルカラーを加える。

パングラナト・シード・レッド(**3**)は、色の宝石です。「ざくろの種の赤」という名のとおり、鮮やかで、ガラスのように透明感があります。高級感のある革張りのチェアの色として、また手の込んだガラスの花瓶やボウルにこの色を選び、フルーツや花を飾りましょう。

明度の高いグレー(**2**)は、潤いのある他の色をいくらか吸い取ってくれる効果があります。木部や床の色にしてください。豪華なカーペットでも、磨いたコンクリート床にも合う色です。

ピンク・グレープフルーツ(**4**)は、クッションや窓のシェードに。ソフトなティーローズ(**5**)の花は、部屋の愛らしいアクセントになるでしょう。

カラーパレット早見表

強烈な色で、壮観に

広々とした階段の
吹き抜けや、
堂々とした玄関ホールに。

強烈なバーントオレンジ(**1**)は、周囲を圧倒してしまうことがあります。そのため、ホールや玄関の吹き抜けのような、広々としたスペースに使ってください。このパレットに使われている色は、モダンなオープンプランや、吹き抜けのある住宅にぴったりです。それぞれのスペースを色分けすることで、さりげなく仕切ることができるからです。

濃いグレーである、スチール(**2**)と、ダップル(**3**)は、相性のよい2色です。バーントオレンジとストライプになったファブリックを、カーテンや椅子の張り地に使います。ピクチャーフレームや手すりを、光沢のある金属製の物にし、都会的な味付けを。

溶岩の色、ラーバ(**4**)は、視線を引き付ける、激しく、押しの強い色です。この色をオープンプランのスペースに置いてある、家具ひとつだけに塗ってください。もしくは、玄関ドアの両面をこの色にします。

クールブルー(**5**)は、食器棚のドアの色にしたり、天井の装飾部分に塗るといい色です。

大胆で、メロドラマチック

これは、家族用のバスルームに向く、楽しい色の組み合わせです。レッドとオレンジは、昔から衝突する色とされています。しかし、ここで使われている色は、ハイライトとして組み合わせても相性のよい、似通った色同士です。マーマレード(**1**)と対照をなす、クールな2色のターコイズは、室内全体に、くまなく光と陰を提供してくれます。

ドラマチックな色の対比は、室内をいきいきさせる。

このような対照的な色の組み合わせは、感情的な反応を引き起こしがちです。装飾品や小物類は、最小限にしてください。色だけで、十分な働きをしているからです。

クールミント(**2**)と、ディープターコイズ(**3**)は、シャワーカーテンにぴったりの色です。窓のステンドグラスや、キャビネットのドア、直づけの照明器具の色にもおすすめです。

メインカラーよりも、さらに熱い色である、ルビー(**4**)と、ブラッドオレンジ(**5**)は、タオル、植木鉢、鏡のフレームといった小物類の色にしましょう。

カラーパレット早見表

繊細で、はにかみ屋

リビングや温室に向く、控えめな色使いは。

このパレットの色は、女性たちがニードルポイントや詩の朗読といった楽しみのため、自室に退いた時代を思い起こさせてくれます。穏やかで、瞑想的な雰囲気を醸し出してくれるので、今日、再びこういった繊細な色使いが見直されています。タンジェリン（**1**）を単独で使うか、他の色を入れて、ストライプ状に壁を塗りましょう。

オレンジブロッサム（**2**）は、メインのオレンジと、ほぼ同じくらいの分量にするといいでしょう。繊細な雰囲気を放つ色なので、部屋を圧倒しません。

ブロンド（**3**）は、淡い色の木製家具、ウィッカーチェア、つやのある、床板の色に使ってください。

非常に似かよった2色のクールグリーン（**4**、**5**）を使った、水玉模様のファブリックで、シートクッション、カーテン、ランプシェードのファブリックカバーを作りましょう。

アフタヌーン・ティーには、アンティークの茶器を用意します。オレンジブロッサムのケーキ、きゅうりのサンドウィッチを作りましょう。

オレンジ＆ブラウン系　91

1950年代の水玉模様

1950年代のテキスタイルや、陶磁器に使われた、モダンな幾何学模様をヒントにした色使いです。当時、オレンジジュース(**1**)と、レモンカード(**4**)の組み合わせに、ブラックの縁取りという色使いが、よく見受けられました。この部屋には、オリジナリティのある装飾をしましょう。たとえば、暖炉の上にロング丈のドレスをさげたり、サイドテーブルにレコード盤を積んだりすると、いいでしょう。

モダンな色を、レトロなディテールと組み合わせる。

コットンキャンディ(**2**)を、木部に使います。ストロベリーソルベ(**3**)は、シートカバーに。この色と、メインのオレンジとを組み合わせた、水玉模様のファブリックを使いましょう。

レモンカード(**4**)は、このパレットに、コントラストをつけてくれる色です。キッチンの細かい部分に取り入れましょう。たとえば、ふきんや、シリアルボウル。この色の、トースター、ジューサー、コーヒーメーカーも、見つかるはずです。

ブラック(**5**)は、部屋の中の、線状のモチーフに使ってください。これらすべての色を小物に取り入れます。たとえば、レトロな陶磁器、プラスチックハンドルの調理器具、そして、楽しいデザインの1950年代の空き缶などです。

カラーパレット早見表

ピーチ・シャンパンカクテル

ソフトカラーから、ネオンカラーまで、現代的な色をカクテルにして。

ピーチシャンパン(**1**)と、組合わせた色は、スチールグレーと、ネオンフューシャ。折衷主義的に、インスピレーションに任せて色を組み合わせ、斬新なスタイルを生み出しましょう。このパレットは、寝室や、バスルームに向きます。ガラス窓が多く、自然光がたっぷり差し込む、勉強部屋にも合うでしょう。

スチール(**2**)は、やわらかいベルベットを張った椅子やソファの色に。木部と床には、淡いアイスドブルー(**3**)を塗り、スチールカラーのシープスキン・ラグを、寝室やバスルームのカーペット代わりに敷きます。勉強部屋では、デスクと書棚をアイスブルーで塗ると、心が安らぐでしょう。

濃いフューシャ(**4**)色の、上質の木綿をベッドリネンに使い、質感の異なるサテン地のクッションを、アクセントにします。

ネオンピンク(**5**)は、照明器具や、引き出しの取っ手、ペン立て、もしくは、歯ブラシ立ての色に。

オレンジ&ブラウン系　**93**

淡く、優しく

美しいペールカラーのコンビネーションでは、濃いオレンジを差し色にします。コントラストをなす色使いによって、メインカラーのネクター(**1**)が引き立つのです。このパレットは、寝室やキッチンに向きます。パステルカラーが、フェミニンでありながらも、モダンな印象に映るでしょう。

やわらかなパステルカラーは、心の和む、優しい部屋作りに。

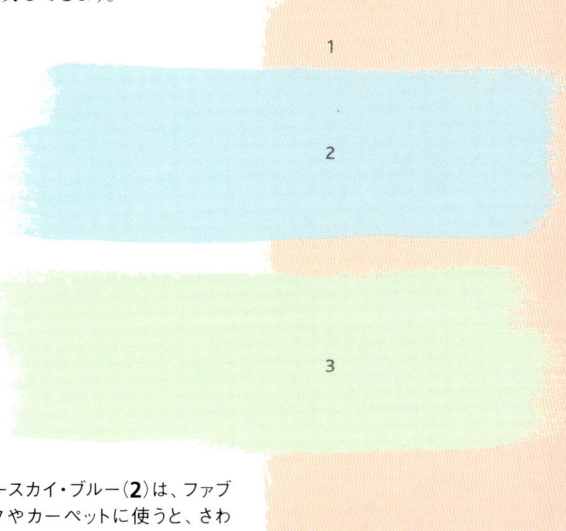

サマースカイ・ブルー(**2**)は、ファブリックやカーペットに使うと、さわやかで、明るい気分にしてくれる色です。

トランキルグリーン(**3**)の、つやなし塗料で、木部、キッチンの食器棚、室内のすべてのドアを、塗ってください。

ダスキーラベンダー(**4**)は、この部屋の他の色に比べると、少し薄汚れた印象の色です。椅子をカバーする重厚な織物や、スエード地の色にしてください。

大胆なシグナルオレンジ(**5**)は、壁にかける版画の色や、クッションや陶磁器のボウルに描かれている、柄の1色として、取り入れます。

カラーパレット早見表

消えゆきそうなペールカラー

無色に近い色の中に、ドラマを見つける。

とても巧みな色使いです。すべての色が淡く、白っぽいパレットは、色使いに自信がなければ選べません。こういったさりげない色使いは、大胆な色の組み合わせと同じくらい、ドラマチックな効果を上げられます。様々な素材感を組み合わせ、繊細なピーチ・アンド・クリーム（**1**）をより魅力的に見せましょう。

ダスティモーブ（**2**）と、シュガードアーモンド（**3**）は、アンティークな雰囲気のある可愛らしい色で、椅子の張り地や、クッションに使うジャカード地に使いたい色です。明暗の色を組み合わせた、リージェンシー風の渦巻き模様のファブリックを選びましょう。

ピスタチオ・アイスクリーム（**4**）は、床板、窓のシャッター、窓台、幅木にぴったりの色です。

ペールカーキ（**5**）は、ファブリックの柄、または壁の一部だけに張る壁紙の柄の1色として使いたい色です。暖炉の部分の張り出した壁に、大胆な花柄や、幾何学模様の壁紙を張ると、視線を集めるポイントになります。

オレンジクリームの甘い香り

オレンジムース（**1**）は、フェミニンなパレットによく馴染む甘い色合い。ここでは、ナチュラルカラーと、歴史的な色の組み合わせをベースにした、伝統的なパレットに使ってみました。繊細なレモンと、ソフトで深みのあるブラウンとを組み合わせると、21世紀らしい、新鮮な雰囲気のカントリーキッチンが生まれます。

オレンジとレモンバームの香りが漂う、キッチンカラー。

コクのある、トフィー（**2**）と、バタースコッチ（**3**）は、家庭的な雰囲気をもつ、キッチンにぴったりの色です。この2色は、オレンジ系の木材の色として取り入れましょう。たとえば食器棚や、カントリー調の素朴なテーブルや椅子に、チェリーやビーチ材を選ぶのです。

明るく、ふんわりとしたレモンメレンゲ（**4**）は、レースカーテンや、フェザーを詰めた、チェアクッションの色に。

深いエボニー（**5**）は石や木の床材を、エレガントでありながら、実用的に仕上げてくれます。黒っぽい木を削って作ったボウルに、フルーツを盛り、インテリアのポイントにしましょう。

カラーパレット早見表

天然のオレンジとブルー

大地の色から、ラピスラズリまで、目にも鮮やかな天然顔料の色たち。

ブリック(**1**)は、ブルーを自然に引き立てる色です。その昔、職人は、天然の顔料を手に入れて混ぜ合わせ、自分自身で塗料を作らねばなりませんでした。アフガニスタンで産出され、金よりも高価な鉱物だったラピスラズリが、もっとも色鮮やかなブルーの原料となりました。ベネチアの芸術家、ティツィアーノによって、このくっきりとしたブルーが世に知られるようになりました。

このパレットは、バスルーム、キッチン、ダイニングルームに向きます。モロッコの伝統的な「タデラクト」を使いましょう。これは、石灰を主原料とした耐水性の塗り壁材です。

暗めのテラコッタ(**2**)を、ナチュラルな床用タイルの色に。濃いターキッシュレッド(**3**)は、キッチンの食器棚や、木部の色に使ってください。

コバルトと、ラピスラズリ(**4**、**5**)のような濃いブルーは、カーテンやシートカバーに使う、厚手の織物の色に。伝統的な濃いブルーの、模様入りタイルは、アフリカや、スペインのアンダルシア産の物を使い、上質感を出しましょう。

セクシーなチョコレート色

驚くほどセクシーなパレットで、寝室と同様に、リビングにも向きます。キャラメル(**1**)、ホットチョコレート、チェストナット、という心惹かれる色合いが、プラムと、パープルドスエードという芳醇で趣のある差し色によって、いきいきと見えます。この部屋には、上質な素材を使ってください。

濃厚な配色は、魅惑的なムードを作る。

造作の表面は、何よりソフトで、豪華な印象に仕上げるよう、心がけてください。たとえば、壁は、つやのないパウダーペイントを使うといいでしょう。カシミア、スエード、ベルベットは、この部屋の家具、カーテン、クッションに、マッチする素材です。上品な仕上げにこだわってください。型押しの高級な壁紙を、1枚の壁だけに張ったり、特大のアンティークミラーを、暖炉の上に飾ったりするのです。

チョコレート色(**2**、**3**)は、重厚な家具や、時代を感じさせるディテールの色として。プラム(**4**)とパープルフィグ(**5**)は、ファブリックとガラス器の色にすると、映える色です。

カラーパレット早見表

シンプルな1950年代調

装飾の少ない
モダンなデザインに向く、
控えめな色使い。

すっきりとしたシンプルなスタイルが1950年代を思わせます。ウォルナット(**1**)は、様式化したダイニングルームに最適です。こういった黄褐色を使う場合は、色使いが活かせるデザインを、慎重に選ばねばなりません。デザイナーで詩人だったウィリアム・モリスは、「実用的、もしくは美しいと感じない物を、家に置いてはならない」と言っています。

ファブリックは、織りに素材感のある、麻にすべきでしょう。家具は、チェリー材のオーダーメードの品を揃えてください。

色の近いストロー(**2**、**3**)の2色は、ストライプのファブリックの色として、取り入れましょう。また、淡い色のほうを、木部やドア枠に塗りましょう。

ソフトカーキ(**4**)は、このパレットで一番暗い色です。カーペットや大型のシートカバーに、この色を使ってください。

パテ(**5**)は、明度の高いニュートラルカラーです。1950年代風のファブリックや、古いペーパーバックの本の1色として、室内に取り入れてください。

スマートな男の色

伝統的なスーツ地、たとえばツイードや、ヘリンボーン、スコティッシュ・タータンなどは椅子やソファのカバーリング素材に使うことができます。これらウール地の自然な持ち味が、この部屋の色彩計画のヒントになりました。このパレットを組み立てるためのベースカラーは、ナチュラルでありながら、洗練されたサフラン(**1**)にしました。

オーダーメードの紳士服を思わせる、フォーマルなパレット。

このパレットは、勉強部屋やリビング・ダイニングのスペースに向きます。色使いはスマートで、高級感がありますが、大胆なサフランオレンジが、楽しさを演出してくれます。

バーク(**2**)と、わらびの色、ブラカン(**3**)は、深みのある美しいナチュラルカラーです。家具や幅木、暖炉の回りの塗装色に。

エアフォースブルー(**4**)は、温かいパレットの色を引き締めてくれる、クールなアクセントカラーです。ファブリック類の織りの1色として、またピクチャーフレームの色に使ってください。

ターメリック(**5**)は、コーデュロイのクッションや、固定式の照明器具の色に使いたい、鮮やかなハイライトカラーです。

カラーパレット早見表

砂糖菓子の甘い香り

**砂糖をまぶした
パステルカラーが、
ホットオレンジを
ソフトに包み込む。**

キャンディードピール（**1**）の熱い色は、つやなし塗料で白っぽく仕上げると、若干ソフトな印象になります。エッグシェル（二分づや）塗料や、天然素材のファブリックで、この大胆な色のインパクトをやわらげましょう。こういった香気の強い色使いは、あえて色あせたような仕上げにし、シャープすぎたり、うるさすぎる感じにならないようにします。

ベースカラーにコントラストをつける、ソフトなピスタチオ（**3**）は木部の色にしましょう。もし、この色ではコントラストがつきすぎると感じたら、グリーンの代わりに、ホワイトを使い、全体の印象を軽くしてください。そして、ファブリックやカーペットは、ホワイトに、ピスタチオとダスティモーブ（**2**）を加えた、ストライプかチェックにします。このパレットは、寝室やリビングによく合います。

ピーチと、トフィー（**4**、**5**）は、ディテールにぴったりの色です。据え付け型の照明器具や燭台の色に。また、フルーツ、ジュエリー、花などを飾る、ボウルの色にしましょう。

… 101

新しいカントリースタイル

大胆でモダンなパレットは、古い家にも新しい家にもマッチします。現代的で実用的なキッチン、素朴なカントリースタイルの寝室、どちらにもぴったりです。ジンジャー(**1**)は、室内を家庭的な雰囲気にしてくれる色で、ピオニーピンクと組み合わせることで、テラコッタとイエローという、昔ながらの組み合わせから脱却できます。

暖色、寒色のコントラストが、カントリースタイルをモダンな印象に。

2色のピオニー(**2**、**3**)は、装飾的な美しい色。キッチンの食器棚や造作に、部分的に取り入れるとたいへん映えます。これらの色に、クールなハイライトカラーが加わった、モダンな花柄やグラフィックプリントのファブリックを使いましょう。

ポーセリンティント(**5**)と、アイスブルー(**4**)は、パレットにコントラストをつけてくれる色です。この2色のクールな色を加えれば、部屋が可愛らしすぎたり、古めかしい感じに、なりすぎたりしません。

部屋の装飾品は、色々なタイプの物をミックスしましょう。すり切れるまで使い込んだ、愛着のあるアームチェアから、モダンなガラスシェルフや、ランプシェードまで、取り混ぜて部屋に飾ります。

カラーパレット早見表

コーヒーと、食後のミント

ダイニングルームには、
上品さだけでなく、
楽しさも必要。

洗練されたコーヒー(**1**)と、チョコレート色は、ダイニングにぴったりです。高級感があり、誰もを心地よくするブラウン系は、部屋に温かな雰囲気を生み出してくれる色です。鮮やかなミント色のプレートと、べっこう風、または磨いたココナッツを使ったカトラリーで、インテリアにひねりを加えましょう。

エスプレッソ(**2**)は、メインカラーを濃くした色です。この色を木部やダイニングテーブルの色に。個性的に仕上げるなら、テーブルを、エスプレッソとファッジ(**3**)で、ストライプ状に塗るといいでしょう。

ブライトミント(**4**)と、ミント(**5**)は、椅子のシートやクッションの色に。モダンな暖炉は、ミントのタイルで装飾します。リサイクルショップで、グリーンのガラスタンブラーや、ゴブレットを手に入れましょう。

おもてなしには、生のミントの葉を添えたミント・マティーニやミント・ティーを。またミント・チョコムースを、グリーンのモロッコ製のティーグラスに盛りつけましょう。

ナツメグと、パンプキンパイ

インテリアデザインを考える時は、五感すべてを計算に入れねばなりません。色は私たちの視覚に訴えますが、シナモンやナツメグ（**1**）、焼きたてのパンプキンパイをイメージする色なら、嗅覚と味覚もまた、刺激してくれます。手触りのよいファブリックを使い、心躍らせる音楽をかけましょう。

五感を呼び覚ます、刺激的なパレット。

濃いナツメグ（**1**）という、セクシーな色をベースカラーにしました。こういった色は、退屈なキッチンや、ダイニングを一変させてくれます。

アクア（**2**）と、ロビンズエッグ・ブルー（**3**）は、どちらも明るく、ソフトなアクセントになってくれる色です。お好みに合わせて、2色を使い分けてください。

ハニー（**4**）は、カーテンと、絵画、または鏡のフレームに使いたい色です。ハニー、ロビンズエッグ・ブルー、アンバー（**5**）の3色が入った細いストライプ地で、シートカバー、クッションを作ります。ティーカップやプレートも、このストライプにすると、個性的なアクセントになります。

カラーパレット早見表

レザーと炎の色

炎の色を加えると、伝統的なブラウンが、元気に見える。

クラシックなレザー(**1**)は、インテリアで、過小評価されている色です。この高級感のある濃い色は、驚くほど万能です。飾り気のないニュートラルカラーと組み合わせると、流行に左右されない保守的な印象になりますし、鮮明なアクセントカラーを加えると、エッジの効いたモダンな雰囲気になります。

カフェラテ(**2**)と、コーヒークリーム(**3**)は、メインカラーと相性のよい、アクセントカラーです。この温かみのあるクリーミーな色を、木部と、スエードなどの革の色として、家具の張り地に使ってください。樹脂製のモダンな家具には、この2色が、渦巻き状に溶け合ったデザインの物があります。テーブルやサイドチェアを探してみましょう。

バイオレットや、ターコイズのように、モダンなアクセントカラーの多くは、このパレットとマッチします。フレームレッドと、フレームオレンジ(**4**、**5**)は、スパイシーな印象をプラスしてくれます。これらの色を、チャイナシルクのクッションや、ランプシェードといった小物類で取り入れてください。

品格のあるニュートラル

濃いティー（**1**）は、白を混ぜた伝統色の、ソフトな色合いに引き立てられると同時に、これらの新しいニュートラルカラーを、たいへん上品に見せています。この、深みのあるパレットは、美的感覚を重視する女性の部屋や、ゴージャスなバスルームにぴったりです。ソフトなピンク系の色を、ベッドの後ろの壁に使い、このブラウンが重くなりすぎないようにしましょう。

明度の高いナチュラルカラーは、深いブラウンをいっそう魅力的に見せる。

ソフトピンク（**2**）は、メインのアクセントカラーで、ティー（**1**）と、ほぼ同じくらいの分量を使うことができます。壁には、この色のつやなし塗料を塗り、対照的に、木部は強光沢の塗料で仕上げます。バスルームでは、ウッドパネルをこの色にしましょう。

ソフトブラウン（**3**、**4**、**5**）は、可愛らしさと、洗練を感じる色です。サテン地のクッション、ほのかな色のガラスシャンデリア、ミスマッチさせたボウルの色に。

アンティークで装飾的なフレンチスタイルの家具と、モノグラム刺繍のある、ベッドリネンやタオルをアクセサリーに。曲線的なデザインの、ロートアイアンのガーデンチェアを置きましょう。

イエロー系
(Yellows)

ゴールデンオーカー (golden ocher)	p. 108
コーン (corn)	p. 109
デザート (desert)	p. 110
ビーチサンド (beach sand)	p. 111
サンシャインイエロー (sunshine yellow)	p. 112
レモンケーキ (lemon cake)	p. 113
ハニー (honey)	p. 114
フェーデッドバターカップ (faded buttercup)	p. 115
イエローローズ (yellow rose)	p. 116
ソフトレモン (soft lemon)	p. 117
ウィート (wheat)	p. 118
クリーム (cream)	p. 119
シトラス (citrus)	p. 120
レモンシャーベット (lemon sherbet)	p. 121
イエローゴールド (yellow gold)	p. 122
リリー (lily)	p. 123
クレヨンイエロー (crayon yellow)	p. 124
ライムイエロー (lime yellow)	p. 125
パテ (putty)	p. 126
バンブー (bamboo)	p. 127
ペア (pear)	p. 128
カモミール (chamomile)	p. 129
ウィロー (willow)	p. 130
ブロンド (blond)	p. 131

カラーパレット早見表

男性的で、スパイシー

男性の書斎や、居間に向くパレット。

魅力的で、くつろぎ感のある、黄褐色のパレットです。ゴールデンオーカー(**1**)と、温かみのあるナチュラルカラーの洗練された組み合わせは、仕事部屋や勉強部屋にぴったりです。博物館や図書館の壁の仕上げに、注意してみてください。ウッドパネルや、ボタン止めのレザー、麻のクロスなどの仕上げ方が参考になるでしょう。

濃いゴールデンオーカーを、控えめなアクセントカラーと組み合わせることで、ソフトに見せると同時に、豪華な印象になっています。上質感のある仕上がりにするため、土の顔料から作った、昔ながらの天然塗料を使いましょう。こういった塗料は、耐久性があり、化学製品のような強い匂いがありません。

ストロー(**2**)と、ストリング(**3**)は、クラシックに仕上げられる、万能色です。

チェストナット(**4**)は、革張りの椅子やライティングデスクの色に。ストローと、ストリングと、サンド(**5**)の3色が入ったフロアラグと、重厚なベルベットのカーテンを選びましょう。1枚の壁だけに、ナチュラルな麻のクロスを張りましょう。

熟れたコーンの色

熟れたコーン（**1**）の色は、夏の長い昼と、温かな夕べを思わせます。このようなナチュラルカラーは、カントリーハウスや、コテージ、昔風の建物によく合います。家の外装にも向くイエローです。居心地のよい、キッチンや、サンルームにおすすめしたいパレットです。

**卵黄のような
濃いイエローで、
室内は温かな雰囲気に。**

温かな、オレンジ色の輝きをもつイエローを選ぶと、ソフトな仕上がりになり、心地よい雰囲気が生まれます。

暗いフォレストグリーン（**2**）は、オーカーとの組み合わせに向く、クラシックな色です。コーン（**3**）のレザーシートが張られた、昔のレーシングカーのイメージで、家具選びをしてください。フォレストグリーンを、伝統的なファームハウス風コンロや食器棚のドアの色にしましょう。

エッグヨーク（**4**）と、ジンジャー（**5**）は、キッチンにぜひ取り入れたい、クッキングカラーです。ナチュラルで、実用的な小物類の色にもいいでしょう。

カラーパレット早見表

大胆な、砂漠の色

白っぽいニュートラルに、酸味のある色を加えた、モダンなパレット。

ニュートラルカラーは、驚くほど万能です。適切なニュートラルのベースカラーを選べば、壁の色は、何年も変える必要がありません。アクセントカラーを変えるだけで、まったく新しい空間に生まれ変わるからです。しかも費用はあまりかかりません。デザート（**1**）は、テラコッタ、ソフトグリーンのどちらとも、同じくらい相性のいい色です。

モダンなインテリアは、色使いがすべてと、言えるかもしれません。これは強い色を選べ、いう意味ではありません。現代のインテリアの流行は、美しく、明度の高いニュートラルカラーで、家中を装飾すること、と要約できます。

微妙な色合いのラビット（**2**）と、ウォームグレー（**3**）という2色の相性がいいのは、どちらも温かみのある色だからです。

色使いが単調にならないように、アシッドライム（**4**）をファブリックの柄や小物などの色として、部分的に取り入れてください。スレート（**5**）は、ディテールと仕上げを、黒っぽく縁取ってくれます。

コートダジュールの砂浜

ビーチサンド（**1**）、ブロンズの肌色、紺碧の海の色は、たいへん調和するパレットになります。このクラシックなイエローは、装飾品や木部での、色の巧みな使い方に関して、新たな方向性を与えてくれます。ブラウンとアズールは、とても相性がよい色なので、インテリアやファッションで、この色の組み合わせを試してみましょう。

地中海沿岸の景色を、イメージしたパレット。

タン（**2**）と、チェストナットブラウン（**3**）というアクセントカラーは、メインのイエローに高級感を与えてくれます。このパレットは、ウォルナットやチェリーの色の木製家具が配された、1950年代風のリビングやダイニングにぴったりです。

ダスティグリーン（**4**）と、アズール（**5**）は、美しいハイライトカラーです。ベルベットのクッションやゴージャスな陶磁器の色に、取り入れてください。

インテリア用のファブリックを探す時は、既成概念にとらわれないことが大切です。家具店の代わりに、オーダーメイドの紳士服店に行き、椅子カバー用に、伝統的なツイードやウール地を求めてください。

カラーパレット早見表

太陽の光を浴びて

**家族や友人が集まる、
楽しい部屋には、
原色を使う。**

躍動感あふれるサンシャインイエロー(**1**)は、室内を楽しく陽気にしてくれる色。このような、原色のベースカラーは、キッズコーナーや、娯楽のための部屋に向いています。アイスクリームカラーと、くっきりとしたブルーでアクセントをつけ、相対する暖色と寒色を、うまく取り入れたパレットです。

バニラ・アイスクリーム(**2**)を木部の色にします。もし、ベースのイエローが強すぎると感じる場合、1枚の壁だけは、このアイスクリームカラーにしてください。

ラズベリーリップル(**3**)は、プラスチック・チェアやデザインの楽しいビーズクッションの色に。この部屋の椅子の張り地や床には、清潔さの保ちやすい素材を選んでください。人の行き来が、とても多くなる部屋だからです。

ネイビー(**5**)や、チャイナブルー(**4**)のような基本のブルーは、濃いイエローにとって、最高のパートナーです。クッション、カーテン、また、子どものおもちゃをすっきりと片付けられる、収納用の木箱にも、使いたい色です。

黄色いクロッカスと、サクラソウ

朝の目覚めにはぴったりの色です。レモンケーキ(**1**)は、甘くチャーミングな色であり、サンライトイエローと、若葉のグリーンは、朝日を思わせる、さわやかで心を晴れやかにしてくれる色です。このパレットを寝室、バスルーム、キッチンに活用すると、室内が、たちまち朝の光に包まれます。

春の野原をイメージした、明るくふんわりとしたパレット。

可愛らしいアイボリー(**2**)は、カーテンにぴったり。朝日を自然に、部屋に取り込んでくれる色です。この色を木部に塗りましょう。床材も塗れば、いっそう部屋を明るくすることができます。

元気なミント(**3**)は、さわやかなグリーン。椅子や食器棚のような木製家具を、この色で塗装するといいでしょう。もしくは、朝食プレートの色にしましょう。

ファーングリーン(**4**)と、ピーチ(**5**)は、ベッドリネン、タオル、椅子の張り地に使う、繊細な花柄プリントや、刺繍の色として取り入れたい色です。

カラーパレット早見表

はちみつと、バニラクリーム

甘いペストリーの色には、
すべてを包み込む、
優しさがある。

ハニー（**1**）、こってりとしたバニラクリーム、ホットチョコレートという、「おいしそうな」カラーパレット。美感に訴える、強いラズベリーとネオンピンクのアクセントカラーが入ると、現代的な雰囲気に仕上がります。このパレットは、リビングや寝室向きです。クラシックですが、楽しさがあるからです。

メインカラーの、ハニー（**1**）と、クリーム（**2**）には、飾らないエレガントさがあります。

チョコレートブラウン（**3**）は、もはや、伝統的な色使いを好む人たちだけの色ではありません。床や現代的なローテーブルに、この濃いブラウンを使いましょう。ファブリックは、鮮やかなピンク色に、クリーム色を組み合わせ、チョコレートの柄が入ったものを。寝室では、チョコレート色のフェイクファーのスローを、ベッドにかけてみては？

ラズベリー（**4**）と、ネオンピンク（**5**）は、視線を引きつける小物の色に。たとえば、デザイナーズ・チェアを1脚だけ置く、ダークピンクのバラの花を、クリーム色の陶磁器の花瓶に飾る、などがおすすめです。

都会的な、ミックス感

型にはまらない色の組み合わせですが、古びて、色あせたようなメインカラーのおかげで、上手にまとまります。このメインカラーのフェーデッドバターカップ(**1**)は、住まいのどの部屋にも取り入れられる、万能な色です。背景色に向く、ニュートラルカラーでありながら、ムードを演出する、エネルギッシュな色でもあります。

色の積極的な組み合わせは、まとまり感を重視して。

淡いライラック(**2**)と、クールなアメシスト(**3**)は、メインのバターカップとのバランスがぴったりの、淡い色合いです。床や大型家具の色に取り入れてください。

控えめなイエロー(**4**)と、マンダリン(**5**)は、このパレットでは、一番鮮やかなハイライトカラーですが、メインカラーの色合いを引き立てる役目も果たします。

4色のアクセントカラーすべてを取り入れた、織り地の素材感が印象的な、シャネル風のファブリックを、椅子やソファのカバーに使いましょう。

カラーパレット早見表

光の降り注ぐバラ園で

**レトロな中に、
新しさを感じる、
フェミニンな演出。**

愛らしいイエローローズ(**1**)の明るいバスルームには、バラ園の色で、アクセントをつけましょう。このバスルームには、古道具を使いたいものです。昔ながらの独立型のバスタブや、古い水栓、塗装のはげた木製の椅子やキャビネットで、インテリアをまとめます。造作の表面は、つやなし塗料で古びた感じに仕上げます。

明るいカーキ(**2**)と、ピスタチオ(**3**)は、木部に塗る、つやなし塗料に選びたい色です。バスルームのウッドパネルも、戸棚、窓枠、タオルバーと同じ色で塗るといいでしょう。

古い椅子を、ローズ(**4**)と、ゼラニウム(**5**)のストライプ地でカバーします。カーテンとタイバックにも、同じファブリックを使いましょう。

陶磁器の、花形のソープディッシュや、水差しといった昔風の小物を飾り、レトロ感を出します。花の香りがする、ピンク色のグリセリン・ソープや、バス用品もムードを盛り上げます。

デカダンな、サロン風

表面の仕上げに、注意を払いましょう。つやのある、なめらかなテクスチャーを取り入れて、つやのない壁のソフトレモン(**1**)を、強調します。入念に選んだフレンチスタイルの調度品によって、本物のサロンの雰囲気が出せます。色の違いを出すために、この部屋には、時間を問わず、常に十分な光が必要です。

パステルカラーを集めた、心地よいパレット。ソフトで可愛らしいムードに。

つやなし塗料で仕上げた、レモンイエローの壁に対して、木部や棚は、光沢を出します。ミント(**2**)とソフトなセージグリーン(**3**)は、ラッカー仕上げにしてください。

ペールピンク(**4**)と、ソフトピーチ(**5**)のベルベットを、キルティングに。シープスキンに、スパングルを飾ったクッションは、室内に、深みと豪華さと、素材感をプラスしてくれます。きらめくシャンデリアを下げて、デカダンなサロン風の演出を。

よりグラマラスな仕上がりにするなら、ピンク、またはピーチ色がかった鏡をテーブルトップにするか、この鏡を、化粧室用の電球で縁取り、スターの楽屋風にしてください。

カラーパレット早見表

さりげなく、クールに

ダイニングや、ワークスペースに向く、上品で洗練された色使い。

ナチュラルな小麦の色、ウィート(**1**)は、プレーンな壁はもちろん、織り柄や細いストライプの凹凸がある、素材感豊かな壁紙の上の、塗装色としても、ぴったりです。このパレットの、ソフトイエロー、ホワイト、クールなブルーグレーは、伝統的なインテリアカラーを、淡く、モダンに変化させたもの。穏やかで、快適な雰囲気を生み出してくれる色使いです。

ホワイト(**2**)は、色ではないと思われるかもしれませんが、ここでは、ソフトイエローのパートナーとして、木部をホワイトにし、室内をすっきりと、モダンに仕上げます。

淡い、ダスティブルー(**3**)は、家具の張り地に向く、美しい色です。ファブリックは、ベルベット、厚手の織物など、素材感の豊かな物を使いましょう。個性を出すなら、ニット地もいいでしょう。

スレートブルー(**4**)と、ガンメタルグレー(**5**)のモダンな小物は、装飾がほとんどない、シンプルな形の物を。四角い和風のダイニングプレートがおすすめです。また、ペールイエローの壁を背景に、細く、背の高い花瓶を飾りましょう。

コスメティックの色使い

クリーム(**1**)は、ピュアホワイトよりも可愛らしい雰囲気にしたい場合に、よく使われる色です。ここでは、ピーチソルベ、バタースコッチ、ローズピンクという肌色系と組み合わせて、繊細な印象に仕上げます。香り立つような、フェミニンで心地よいスキンカラーは、ほぼ全色と組み合わせられる色です。寝室とキッチンの、どちらにも合うパレットです。

香りのいい化粧品をイメージしたパレット。

メークをするように、この部屋が、完ぺきな仕上がりになるまで、少しずつ装飾を加えていきましょう。

プレスドパウダー(**2**)と、スウィートビスケット(**3**)は、美しいファンデーションカラーです。これらフェミニンなニュートラルカラーを、床やベッドカバーの色に。キッチンでは、つやなし、またはエッグシェル(二分づや)塗料で、キャビネットを塗りましょう。

ブラッシュピンク(**4**)は、厳選された上質なファブリックの色として、室内に取り入れましょう。

濃いバタースコッチ(**5**)は、強い色なので、部分的に使いましょう。食器棚の取っ手やガラス器の色だけにすると、いいかもしれません。

カラーパレット早見表

ほのかなレモン色

さわやかなレモン色と、趣のある中間色の、豪華な組み合わせ。

シトラス（**1**）は、ライム色がかった明度の高いイエローで、ファーングリーンとオーキッドモーブという植物の色合いに、ぴったりの背景色です。互いを引き立て合う、メインと、2色のアクセントカラーを、アルコーブや、暖炉の部分の付きだした壁に、陰影をつけるように使いましょう。どの部屋にも合うパレットです。

ライムエード（**2**）と、ファーン（**3**）は、美しいイエローベースのグリーンです。この2色のグリーンを、メインカラーと上手に組み合わせると、現代的で、モダンアート風の仕上がりになります。壁を塗り分ける時は、必ずマスキングテープを使い、色の境界線をシャープに仕上げましょう。

オーキッド（**4**）と、スイートピー（**5**）という愛らしい2色がストライプになったファブリックを、カーテンやクッションにしましょう。そして、よく似たピンク系の熱帯性のランを、同じ種類と色で、3本用意し、ローテーブルの中央に並べ、インテリアを優美に仕上げます。

シャーベットの酸味

この軽くふんわりとした、淡いレモンシャーベット(**1**)は、退屈な寝室やバスルームを、きりりと引き締めてくれます。この色を取り入れて、自然光があまり入らない暗い部屋やスペースを、よみがえらせましょう。イエローとブルーは、古典的ながら、いきいきとした組み合わせです。ディテールには、光沢のある塗料を使ってみては、いかがでしょう。

古典的な色使いに、軽いひねりを加えて。

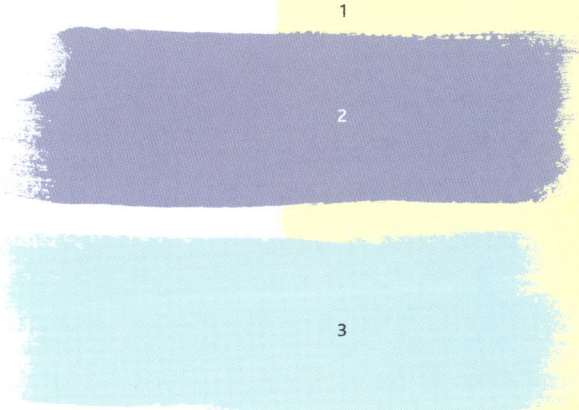

すっきりとさわやかな印象を与えてくれるよう、慎重にセレクトしたブルー2色です。ブライトアクア(**3**)と、ウェッジウッドブルー(**2**)は、ブルーの色相の中では、両極端な色ですが、この背景色のおかげで、まったく違和感なく組み合わせることができます。これらのブルーを木部や、バスルームのタイルの色に取り入れてください。

鮮やかなメインカラーとは対照的に、このパレットのアクセントカラーは、ソフトな色です。この、グレー系のブルーをパレットに加えると、部屋の印象が、あまりに幼くなったり、キッチュになったりするのを避けられます。ダッグエッグ(**4**)と、ソフトクレイ(**5**)をファブリックと造作の色にしましょう。

カラーパレット早見表

暑いインドの夏

燃えるような
色使いが生み出す、
ホットなボリウッド。

イエローゴールド(**1**)を、灼熱のオレンジと組み合わせ、「ボリウッド」のイメージでまとめたパレットです。躍動感と楽しさがあり、饒舌なこのパレットは、インスピレーションの源として、または、テーマ性のある部屋作りに活用してください。サリーをカーテンにし、ディテールを派手に仕上げるといいでしょう。

1

2

3

サンセットオレンジ(**3**)と、ピーチパフ(**2**)は、すぐれた強度をもつ、メラミン化粧板「フォーマイカ」のテーブルトップの色に。

キッチュなムードを強調するなら、ボリウッド映画のポスターをプリントしたフォーマイカを、テーブルトップにしたり、壁にさげるといいでしょう。

4

5

ホットマリーゴールド(**4**)を、カーテンやクッションカバーの色に。半透明の、インドの伝統的なサリー地を使ってください。ペーパーフラワーのガーランドを、カーテンロッドにさげ、マントルピースに飾りつけます。

濃いエッグプラント(**5**)のガラスボウルに、鮮やかな色の、伝統的なインドのキャンディーや、おもちゃを飾りましょう。

はかなく、神秘的

はかないリリー(**1**)は、まるで夢のような、ふんわりとした印象の色です。このように淡く、消えゆきそうな色は、どんな部屋にも、明るい、夢のようなムードを生みだしてくれます。このパレットを、ドラゴンフライグリーンとディープフォレスト・バイオレットと組み合わせると、長く、密やかな入浴にぴったりの、幻想的なバスルームが完成します。

レモンとグリーンで、夢のようなコントラストをつけた、おとぎ話のバスルーム。

シュールな、ドラゴンフライ・ウィング・グリーン(**2**、**3**)は、半透明の素材の色に、取り入れてください。たとえば、ガラスやカラープラスチック、シャワーカーテン、自立型の間仕切りなどに。もっと冒険するなら、間仕切りや壁に、深いピーコック(**4**)で、幻想的なつる植物を描いてみるのもいいでしょう。

これら4色のアクセントカラーが、すべて入った柄物のファブリックがあれば理想的です。バイオレット(**5**)は、小物の色に。花瓶には、花の代わりにバイオレットの羽根を飾りましょう。個性的な装飾品として、アメシストか、マラカイトの石を飾るのもいいでしょう。

カラーパレット早見表

さわやかで、エネルギッシュ

室内を元気にしてくれる、目にも鮮やかな色の組み合わせ。

明るいクレヨンイエロー（**1**）、元気なブルーと、スペアミントを組み合わせたダイナミックなパレットは、賑やかな部屋に向きます。ナチュラルカラーと同様に、人工的な色も気軽に使いたいものです。こういった、鮮明な色合いの塗料は、その現代的なイメージを、上手に活かしたデザインに取り入れるべきでしょう。

ライム（**3**）は、メインカラーの明るいイエローにとって、最高のパートナーです。お好みで、ホワイトとの、ストライプにしてもいいでしょう。スペアミント（**2**）は、よりソフトな色ですが、ライムと同じくらい、部屋を元気にしてくれます。床や木部の色にしましょう。

クリーンターコイズ（**4**）は、子どもの寝室やプレイエリアを楽しく演出する色です。プラスチックのチェアや、ベッドの枠の色に。

コーンフラワーブルー（**5**）は、昔から、男の子の部屋に好んで使われる色です。この色を、他のさわやかな色と組み合わせると、強いインパクトがあります。ピクチャーフレームの色にしてください。部屋の壁に、ぐるりと、レーシングストライプをペイントしましょう。

ライムがいっぱい

ライムイエロー（**1**）と、ジャングルの植物を思わせるグリーンという、明るいパレットは、強烈で、デカダンなリビングスペースを作ります。できれば、直接庭に出られる部屋がいいでしょう。グリーン系の色が、ソフトピーから、ディープオリーブまで、何層も重なり合います。

果汁たっぷりのライムと、生い茂った草木の色。

ライムイエロー（**1**）と組み合わせる、味わい深い濃いオリーブ（**2**）は、リビングの木部に。つやあり塗料を選んでください。木製ブラインドや、窓のシャッターを塗って、コロニアルスタイルに。

パラダイスピンク（**3**）は、グリーンばかりのこの部屋には、どうしても必要な「息抜きの色」です。ファブリックの柄の1色にしたり、フルーツボウルや、プレートの色に、取り入れましょう。

エレクトリックライム（**4**、**5**）は、ファブリックとランプシェードの色として、控えめに取り入れます。これらの色が使われている、レトロ風の、大きな花柄プリント地を、クッションにしたり、スツールカバーにし、キッチュな味つけをします。

カラーパレット早見表

アールデコ風に

歴史的な色使いを
取り入れ、即興の
アールデコ・スタイルに。

パテ(**1**)は、20世紀初期に初めて作られた、内装用塗料の色のひとつ。古典的な色で、歴史ある屋敷にも、モダンなオープンプランのインテリアにも、同じように馴染みます。キッチン用品や、テーブル、椅子の脚は、幾何学的デザインのクロムを選び、アクセントをつけます。

このパレットは、デザインや発明の黄金時代であったアールデコに、ヒントを得たものです。パテ(**1**)に強烈なアクセントをつけるのが、ブラック(**2**)です。ブラックの木部は、伝統的な形の窓を美しく際だたせ、高さのある幅木を豪華に見せてくれます。木部に使わない場合は、テーブルトップなどに、ブラックのガラスを使いましょう。

温もりのある1920年代のピンク(**3**)は、このパレットに、セクシーな魅力を添えます。

ナイルグリーン(**4**)は、アールデコに流行した色の典型です。ファブリックの色として、ナッツブラウン(**5**)と組み合わせたり、細部の色に取り入れると、時代のイメージが完成されます。アールデコ期のアンティーク家具や、プリント地を手に入れましょう。

竹の色で、シノワズリー

バンブー(**1**)は、世界中で、家具や床、軽量の道具類の材料として使われています。竹には、生育が早く、環境に優しいという利点もあります。バンブーの微妙な色合いは、温かい雰囲気の背景色に向き、インテリアの着想の源となってくれます。19世紀初期のインテリアに見られる、中国のアートをイメージしてください。

素朴な土の色と仕上げで、東洋風のインテリアに。

強烈なラッカードレッド(**2**)は、中国の伝統的な木部の仕上げをイメージし、塗装後に、ワニスなどで光沢を出してください。ドアや、大型の木製食器棚や、衣装だんすをこの色に。重く、つやのない真ちゅうのドアノブやハンドルを取りつけて豪華さを出し、レッドかイエローのシルク・タッセルでアクセントをつけます。

ブリックレッド(**3**)は、ファブリックに最適の色です。装飾的な中国のジャカード地か、無地のベルベットのいずれかを選びましょう。

濃いアース(**4**)と、ラッキーイエロー(**5**)は、中国風の柄や装飾品の色に。

カラーパレット早見表

ガーリーで、お茶目

**陽気な色たちを、
茶目っ気たっぷりに
組み合わせる。**

住まいの装飾は、楽しくあるべきです。あなたの選んだ色を通じて、個性を輝かせてください。ペア(**1**)のような、ナチュラルでフルーティな色は、人を笑顔にします。自分の部屋を、好みの色で満たし、ワードローブの延長にしましょう。

きらびやかなフローラルカラーは、楽しい雰囲気の部屋に、すんなり馴染みます。レモンライム・メレンゲ(**2**)を木部、ドア、天井の張り出しに塗り、強烈な部屋の雰囲気を、落ち着かせます。

リーフグリーン(**3**)は、家具の色に。キッチン用の椅子や食器棚のドアに、この色を塗るといいでしょう。

バブルガム(**5**)とジョーブレーカー(**4**)という、2色のキャンディカラーは、シートカバーに。ファンキーなキッチン小物、たとえば、ゴム手袋やふきん、または、ほうきやちり取りを、この色で揃えて、壁に掛けましょう。

カモミール・ティー

カモミール（**1**）は、ティーブラウンと組み合わせると、クラシックな雰囲気になります。このパレットは、リビング、ダイニング、オープンプランのキッチンに向きます。ウォームカラーが溶け合って、心地よい雰囲気を生み出し、光の差し込む朝や、暖炉を囲んでの冬の夕べを過ごすのに、ぴったりの部屋が完成します。

**イエローと
ティーカラーの、
温かで、心安らぐ空間。**

ティー（**2**）は、このパレットの第二のメインカラーです。フローリングやファミリー向けの大きなダイニングテーブルの色に。

ホールミール（**3**）は、どちらかと言えば、洗練された色ですが、カーテンやワークトップの色にすると、ニュートラルカラーに求められる要素を、室内にプラスしてくれます。

使い古されたレザーのアームチェアと手編みのブランケット、パッチワークのスローをアクセントに。使っていない火格子か、壁際に薪を積んでポイントにしましょう。

タバコ（**4**）と、ベゴニア（**5**）は、ファブリックと、手描きの陶磁器の色で取り入れましょう。

カラーパレット早見表

オフビートのアート風

コンピューターで
作ったパレットは、
モダンなインテリアに。

明暗を取り混ぜ、コントラストをつけたパレットは、モダンなグラフィックアートにヒントを得たものです。ナイトクラブのちらしや、流行の店のカードに使われている色使いをまねてみましょう。控えめな色と、輝くようなハイライトカラーが取り合わせてあるはずです。ウィロー(**1**)は、仕上がりの予想がつきにくい色彩計画には、打ってつけのベースカラー。安心感のある色です。

ナチュラルカラーに手を入れ、パレットに合わせてしまいます。ダスキーローズ(**2**)とジャングル(**3**)は、天然の色を、濃くシャープにした色です。ジャングルを木部に、ダスキーローズを床やデザイナーズ家具の色にしましょう。

ガーネット(**4**)は、この部屋で非常に重要なアクセントカラーです。壁紙、クッション、プレート、壁に飾るポスターの、グラフィカルな模様の色に。

サンセットオレンジ(**5**)は、モダンな照明や、絵画のように壁に取りつけるタイプの、AV機器用の家具の色に。

イエロー系 131

北欧のブロンドカラー

スカンジナビアの風景にヒントを得た、古典的な色使いです。北欧では、自然光が、色をクールにすっきりと見せますし、実際、北欧諸国では、古くから、クールなインテリアカラーが使われてきました。キッチンやバスルームにぴったりの、ブロンド(**1**)と、ブルーの組み合わせ。どちらも、ベーシックな色に、ひねりを効かせた色合いです。

快活さと、
安らぎを持ち合わせる、
馴染みやすい色使い。

ブロンド(**1**)は、壁クロス用のファブリックに、もしくは素材感のある壁紙の、塗装色に使いましょう。

コーン(**2**)は、よりすっきりとした、原色に近いイエローで、窓枠に塗ると、窓から差し込む太陽の光を強調してくれます。ピーグリーン(**3**)をキッチンの食器棚やバスルームのキャビネットの色にしましょう。

ティール(**4**)と、ペトロルブルー(**5**)は、ファブリックの色に。素材感の面白さをプラスするために、シートカバーやカーテンの素材に、コーデュロイを選びましょう。

北欧の景色が描かれた絵画を飾り、色彩計画と結びつけます。

グリーン系
(Greens)

- フォレスト (forest)　p. 134
- エメラルド (emerald) 　p. 135
- リーフ (leaf) 　p. 136
- ピー (pea) 　p. 137
- アボカド (avocado) 　p. 138
- ライム (lime) 　p. 139
- ミント・アイスクリーム (mint ice cream) 　p. 140
- グースベリー (gooseberry) 　p. 141
- ピスタチオ (pistachio) 　p. 142
- パイン (pine) 　p. 143
- ライトアップル (light apple) 　p. 144
- ライムソルベ (lime sorbet) 　p. 145
- シーフォーム (sea foam) 　p. 146
- ペールアクア (pale aqua) 　p. 147
- ペパーミント (peppermint) 　p. 148
- アーキテクチュラルグリーン (architectural green) 　p. 149
- ミント (mint) 　p. 150
- ペールジェイド (pale jade) 　p. 151
- シーグリーン (sea green) 　p. 152
- バーダグリス (verdigris) 　p. 153
- セージ (sage) 　p. 154
- オーシャン (ocean) 　p. 155
- ターコイズグリーン (turquoise green) 　p. 156
- マラカイト (malachite) 　p. 157

カラーパレット早見表

森の緑を取り入れて

明暗両方のグリーンを、バランスよく組み合わせる。

虹色の中心にあるグリーンは、バランスの取れた色と言われています。森の色、フォレスト（**1**）やセロリの色など、グリーンは、心に安らぎを与え、元気にしてくれる色です。グリーンをダイニングに使うと、居心地がよいだけでなく、元気を与えてくれる空間が生まれます。

もしダークグリーンが強すぎて、部屋を威圧してしまうと感じたら、印象をやわらげてくれるペールカラーが必要です。セロリ（**2**）は、ダークグリーンと、強弱のバランスが取れる色です。伝統的な家では、腰長押の下を暗い色に、上を淡いセロリに塗り分けます。

ソフトファーン（**3**）は、床にぜひ使いたい色です。この色の上質なカーペットを敷くか、床材をこの色に、塗り替えてください。

ダークフォレスト（**4**）は、幅木と窓枠に塗って、アクセントにします。ペールミント（**5**）は、クッションの色にし、楽しいハイライトに。

ブルームズベリー・スタイル

イングランドのサフォークにある、チャールストン・ハウスは、歴史的建造物であり、20世紀初期に、バージニア・ウルフら、作家や芸術家のグループ「ブルームズベリー」が集いの場所としていたことで、知られています。この邸宅の色であるエメラルド（**1**）は、現在では、1920年代の同義語となっています。

有名なブルームズベリー・グループにヒントを得た色使い。

メインカラーの、黄味がかった暗いグリーンが、くすんだ中間色と組み合わせることによって、いきいきと見えます。これらの色を使い、イマジネーションの赴くままに、ドア、テーブルトップ、さらに床に、模様を描きましょう。

セラドングリーン（**2**）は、他の色を重ねていくためのベースになる、ソフトなニュートラルカラーです。床に使いましょう。

ダスティローズ（**3**）と、タスカンオレンジ（**4**）は、柄物のファブリックの色に。

オリーブ（**5**）は、家具の塗装に使うと美しく映える、濃いグリーンです。

カラーパレット早見表

花開く、春の庭園

リーフグリーンは、
花びらの色を
引き立たせる背景色。

リーフ(**1**)は、庭園の植物の色から取った、イエロー系のナチュラルなグリーンです。インスピレーションの第一の源である、母なる自然の色を、私たちは、決して見過ごしてはなりません。このパレットなら、夏はピンクの色をより淡くし、冬はパープルをより濃くするという、季節に合わせた、アレンジが利きます。

メインのリーフ(**1**)グリーンを壁の色にします。小さい部屋では、この暗めの色だと圧迫感が出るかもしれません。その場合は、1枚の壁、または、腰長押に分割された壁の上半分だけは、リリー(**2**)にしてください。

こういった暗い色の壁では、床や天井には、淡い色を使う必要があります。冒険心のあるデザイナーなら、床にペタルピンク(**3**)を塗るかもしれません。

ラベンダーとパープル(**4**、**5**)を取り入れると、途端に室内がいきいきとします。椅子張り地やカーテンの色にするといいでしょう。もしパープルは少しだけ使いたいという場合は、この色をクッションに使い、家具も、リーフグリーンの物を選びます。

エンドウ豆と、ライムのグリーン

これは、臆病者には手が出せないパレットです。爽快なグリーンの活気あふれる組み合わせは、勢いがあって力強く、室内に、新しい生命とみなぎる力をもたらしてくれます。メインのグリーンである、ピー(**1**)は、瑞々しく、強い色で、ホールや階段といった、人の行き来の多い場所に向いています。

鮮やかな色を取り入れて、冴えないスペースを一新させる。

アシの色であるパンパスグラス(**2**)は、イエローがかった軽いグリーン。フローリングの塗装や、パインのような薄い色の木部を塗る、ステインの色に選ぶといいでしょう。

セージ(**3**)は、ファブリックや椅子張り地の色に、おすすめします。重厚な織物を選び、玄関ドアの前にさげるカーテンにすれば、冷気をよせつけません。

ライム(**4**)は、楽しいディテールにぴったりの、シャープなアクセントカラーです。ガラスや樹脂といった透明な材質の物に、この色を選びます。

ラグやピクチャーフレームの色に、暗めのグリーンであるフォレスト(**5**)を取り入れ、鮮やかなパレットを落ち着かせます。

カラーパレット早見表

静寂のグリーン

ソフトなグリーンと、クールで控えめなブルーという、瞑想的なパレット。

グリーンは、瞑想に向く色と言われてきました。このパレットの、ソフトでグレーがかった色合いは、住まいのどんなスペースにも、シンプルで、落ち着いた雰囲気をもたらしてくれます。アボカド（**1**）は、バスルームに幸せなムードを生み出してくれますし、寝室に使えば、穏やかな眠りを誘ってくれます。

この部屋には、天然素材を選びましょう。できれば、ライムウォッシュやディステンパーといった、天然顔料をベースにした塗料を使ってください。これらの塗料は、住む人の健康や環境によいだけでなく、つやなしの、ナチュラルな仕上がりを約束してくれます。

クールブルーやグレーブルー（**2**、**3**）のつやなしの塗料で、木製の食器棚やウッドパネルを塗りましょう。もし床が木なら、この色のステインを塗ってください。

スペアミント（**5**）の差し色は、部屋をさわやかな印象にします。カーテンなどのファブリック、タオル、シャリ感のある木綿のベッドカバーに、この色を取り入れましょう。

メリハリの効いたモダンアート風

これは、鮮やかな色と暗い色との、遊び心のあるコラボレーションです。ドラマチックなコントラストをつけるために、反対色を、隣り合わせに配します。グリーンとレッドは、色相環で相対する色ですが、組み合わせると、視線を引き付ける強い効果が生まれます。ライム（**1**）、ピーコック（**4**）、バーントオレンジ（**5**）の組み合わせが、その例です。

強い色の組み合わせが、楽しいムードを生み出す、現代的な色使い。

これらの色は、素っ気ない、オープンプランのリビングに命を吹き込んでくれます。このような大胆な色の組み合わせは、視線を引き付けます。このパレットは、スポーツを強くイメージさせる、子どものプレイエリアにもぴったりです。壁や床を、ストライプにしたり、四角く色分けするなど、楽しく色で演出してください。

メインカラーはライム（**1**）ですが、スペースが広ければ、他の色の分量を増やしてください。

バーントオレンジ（**5**）を、警告色のように部屋のコーナーに使うか、視線を誘導する矢印の色にします。

カラーパレット早見表

伝統的な花柄プリント

フェミニンな部屋に向く、
花の色を揃えた、
サマーパレット。

レッドとグリーンは、色相環で、向かい合わせの位置にありますが、うまく組み合わせることができます。レッドは、メインのミント・アイスクリームに対して、とても目立つので、ごくわずかな分量で十分印象づけられます。ホワイトは、この組み合わせにとってたいへん重要です。なぜなら、色の衝突を食い止めてくれる色だからです。

メインのグリーンは、どちらかというと強い色ですので、アンティークアイボリー（**2**）と、ピンク（**3**）を、強さのバランスを取るために使ってください。レトロな雰囲気を出すなら、ホワイトとグリーンの、ストライプの壁紙を使いましょう。

この部屋では、5色すべてが使われている花柄で視線を集めるといいでしょう。バラの花や、その他の花柄の、極めてモダンなファブリックや、壁紙を入手しましょう。

リップスティックレッド（**4**）は、グラスひとつだけ、というように、ほんの少しだけ取り入れてください。

モスグリーン（**5**）は、部屋の可愛いらしさとバランスを取るように、大型家具の色にするといいでしょう。

グリーン系 　**141**

ロマンチック・バレエ

バレリーナのリハーサルや、バックステージの様子を描いたドガ。彼は繊細なグリーンとピンクを重ねて、光を拡散させる効果を生み出しました。優しい色を重ねる、ドガの手法にヒントを得たのが、このパレットです。グースベリー(**1**)は、優美な寝室や、明るくふんわりとしたリビングルーム、サンルームに、ぴったりの背景色です。

ドガの絵に、インスピレーションを得たソフトな色使い。

メインのグースベリー(**1**)は、この中でもっとも強い色です。残りの4色は、あたかも傑作を生み出そうとしている画家のように、少しずつ部屋に取り入れ、重ねていくようにしてください。

とても淡いフェンネル(**2**)は、天井と床の色に。ダスティプラスター(**3**)は、ソファやアームチェアといった大型家具の色に向く、ニュートラルカラーです。

パウダーピーチ(**4**)と、バレエピンク(**5**)の、薄く透ける布を重ねて、個性的な窓の装飾に。また、サテン地のクッションの色もバレエピンクに。ドガの絵の複製を暖炉の上に飾りましょう。

カラーパレット早見表

オープン・ガーデン

庭をイメージした
さわやかな色使いで、
室内を庭の一部にする。

リビングを、庭の一部のような雰囲気に、変えてしまいましょう。使う色は、リーフグリーン、ピスタチオ(**1**)、軽くふんわりとしたニュートラルカラー、さらに華やかなフューシャです。庭に面した部屋なら、壁を取り払ってガラスの引き戸に変えると、庭というテーマが強調できます。

できるだけ自然光を多く部屋に取り込めれば、メインカラーのフレッシュグリーンは活気をおび、冴えない壁の印象を変えてくれます。ミッドグリーン(**2**)は、ファブリックの色に。メインカラーは、ベーシックで、万能な色なので、季節と気分に合わせて、インテリアに変化をつけられます。

ペールグリーン・ティント(**3**)とコンクリート(**4**)は、梁や柱に取り入れられる、建築資材の色です。室内外を、同じ敷石でつないでしまうことだって可能です。

フューシャ(**5**)は熱いレッドです。クッション、鏡のフレーム、花といった装飾品にぴったりの色です。

グリーン系 **143**

松とラベンダーの香り

パイン(**1**)のようなさわやかな色は、目を楽しませてくれるだけでなく、素晴らしい松の香りのイメージから、嗅覚も刺激してくれます。独特の触感がある、素材感豊かな物たち、たとえば、つやめくプラスチックや、ふんわりとしたモヘアは、色に生命を吹き込んでくれます。テーブルや花瓶にラベンダーの小枝を飾り、部屋を、グリーンの葉が茂った植物で、満たしてください。

**自然の色を模した、
さわやかで、
五感を刺激するパレット。**

さわやかなグリーン、穏やかなペールカラー、元気を与えてくれるラベンダーを組み合わせた、バスルームに最適のパレットです。

ローズティント(**2**)を、バスルームの造作の色にしましょう。今後、部屋の雰囲気を変える場合に、どんなタイプのインテリアにもなじむ色だからです。

ソフトラベンダー(**3**)は、バスルームのウッドパネルやキャビネットなどの、木部に最適の色です。

ラベンダー(**4**)と、濃いパイン(**5**)は、強い色なので、楽しく使ってください。リサイクルショップで、風変わりな磁器を手に入れましょう。壁紙で古本をカバーして、お客さんにプレゼントできるよう、置いておきます。カバーはお客さん自身に外してもらいましょう。このように、遊び心のある小物の色に、取り入れます。

カラーパレット早見表

アップルカラーと太陽の光

淡いアップルグリーンで、たちまち部屋は春のイメージに。

ライトアップル(**1**)をメインカラーにするのは、屋外を屋内に取り込む、とてもいい方法です。グリーン系の色は、部屋のムードを高めます。伝統的なコテージ、モダンな集合住宅のどちらを装飾するにしても、あらゆるスタイルに合うのがペールグリーンなのです。心が落ち着き、目にも優しい甘いリンゴの色合いは、寝室を愛らしい雰囲気に変えてくれるでしょう。

春の新芽と、温かな夏の朝をイメージした色使いです。ナチュラルな淡い色の家具で、カラーパレットを仕上げましょう。そして、これらの色を補うため、生花を絶やさないようにしましょう。

窓から差し込む、太陽の光をイメージしましょう。サニーイエロー(**2**)と、スプリンググリーン(**3**)は、温かで、心を誘う色の組み合わせです。

庭のイメージを強調するために、アップルブロッサム・ピンク(**5**)か、チェリーブロッサム(**4**)を繊細なハイライトカラーにします。クッションやラグの色にしましょう。

フルーツ&スイーツ

この、軽く明るい色の現代的な組み合わせは、デザートにヒントを得ました。ライムソルベ(**1**)は、気分を爽快にしてくれる色です。壁に塗った時は、色が濃く見え、昼と夜でも、劇的に色合いが変わります。夜の、人工的な光の下では、どの色も黄色味がかって見えます。

フルーティカラーを集めた垂涎のパレット。

フィグ(**3**)は、ファブリックの色にしましょう。椅子の張り地に使う場合は、つやのあるベルベットで、グラマラスな雰囲気にしてもいいですし、光沢のない織物で、カントリー風に仕上げてもいいでしょう。

ストロベリームース(**2**)を、木部の色にすれば、天井の装飾や、窓のシャッターなど、室内の作りを強調できます。

サワーライム、グリーンレモン(**4**、**5**)というシャープな差し色は、ガラス器の色として取り入れましょう。また、ファブリックや派手な陶磁器の柄で、これら2色を組み合わせてください。繊細なケーキとふんわりとしたレモンメレンゲパイを、明るい色のプレートに盛りつけます。

カラーパレット早見表

洗練のジョージアン・スタイル

デザインセンスに優れた、
歴史的インテリアを
お手本に。

シーフォーム（**1**）のようなグリーンは、古くから人気のあるインテリアカラーですが、初期のグリーンの顔料には毒性がありました。荘厳な住宅や、復元された歴史的建造物を訪ね、インスピレーションを得ましょう。塗料メーカーの大半は、今日でも、こういった伝統色を揃えています。

このパレットで使われているグリーンは、どちらかというとブルー系のグリーンです。シーダー（**2**）と、コパーグリーン（**3**）の色合いが、淡いシーフォーム（**1**）の壁に映し出されます。これら2色を、椅子張り地の色にしましょう。

どんな色とも馴染みやすいダッグエッグ（**4**）は、家具、ピクチャーフレームの色に。さらに一部の壁には、この色と、洗練されたコパー（**5**）が使われた模様入りの壁紙を張りましょう。

フレームの縁、ドアハンドル、キャンドル立て、クッションなどのディテールに、コパーを取り入れ、色使いを引き締めます。

グリーン系 **147**

清らかな新緑の色

ペールアクア(**1**)は、心を爽快にしてくれる色です。微妙な色合いが、室内にもたらす効果は小さくありません。特に、ペールアクアは、光の反射率が非常に高い色です。このパレットは、暗い色、鮮やかな色、軽い色という、対照的な色を組み合わせています。その結果、極めてモダン、かつ心の和む瞑想的な雰囲気の中にも、アート風のシャープな印象があります。

気分を
明るくしてくれる、
元気な色を集めて。

ブライトホワイト(**2**)を取り入れ、この部屋をいっそう明るくします。もし自然光のほとんど差さない小さなバスルームを使っているなら、このパレットは最高です。強いスポットライトを設置し、鏡の回りに、小さな電球を取りつけて、グラマラスな演出をしましょう。

深いインクブルー(**3**)は、魅惑的な濃い色です。この色を、窓とドアの枠に塗りましょう。陶磁器のボウルや、石けん、雑貨類は、この色でまとめて。

スペアミント(**4**)とブライトアクア(**5**)は、ほのかに色づいたガラス棚や、ガラスびんの色に。鮮やかで、ふんわりとしたアクアカラーのタオルを用意し、楽しい雰囲気をプラスします。

カラーパレット早見表

ペパーミントとチョコレート

お菓子のような色使い。快活だけど、甘すぎないインテリアに。

ペパーミント(**1**)と、チョコレートブラウンは、古くからインテリアに使われてきた組み合わせです。高級感があり、心地よいパレットですが、人をじらせるようなひねりが加えてあります。ここで使われているグリーンが刺激的である一方、ブラウンは、心を静め、くつろがせてくれます。リビングやダイニングにこのパレットを取り入れると、驚くほど美しい仕上がりになります。

メインのペパーミントは、美しいアイスクリームカラー。家の内装と同様に、外装にも使いやすい色です。

チョコレート(**2**)は、フェザーが詰まった豪華な革張りチェアにぴったりの色です。もっともやわらかい革か、スエードを選べば、座り心地は最高です。

プラリーヌ(**3**)は、クリーミーなナッツブラウン。木部の色や、凝った装飾を施した暖炉の色に。

ローストコーヒー(**5**)は、暗い家具の色として、取り入れましょう。家具のスタイルはモダンでシンプルな物が合います。

ミントリーフ(**4**)は、クッション、ラグ、ガラス器といったディテールの色に取り入れましょう。

都会の風景

アーティストやデザイナーに、インスピレーションを与えるのは、自然の景色だけではありません。モダンな都市の景観は、色とデザインのインスピレーションにあふれています。クールグレーと、アーキテクチュラルグリーン（**1**）に、交通信号の色を組み合わせると、現代的な部屋に合う、素敵なインテリアカラーになります。

しばし足を止め、街を眺めて、インテリアのヒントを得る。

屋外で目にする建築資材を、室内に持ち込みましょう。たとえば、磨いたコンクリート（**3**）を柱や床に使ったり、看板を個性的な壁の装飾に使うのです。

シグナルグリーン（**2**）は、1枚の壁だけ、またはオープンプランのスペースの、床の一部だけに取り入れるといいでしょう。

シグナルレッド（**4**）は、色々な方法で活用できる色です。床にストライプ状に塗ってみましょう。また、この色の家具を1点だけ置き、部屋のポイントにします。たとえば、デザイナーズ・チェア、つやのある、メラミン樹脂のたんすや、チャイナキャビネットなどが挙げられます。

カーキ（**5**）は、残りの家具に塗りたい、ベーシックな色です。

カラーパレット早見表

ミントと、シトラスの清涼感

スペアミントの清涼感で、五感を目覚めさせる。

さわやかなミント(**1**)は、気品を感じさせる色です。目覚めを爽快にしてくれるので、バスルームの色に向いています。若々しく、ふんわりとしたブルーグリーンは、気分を高揚させ、頭をすっきりさせてくれます。最高の気分で、一日のスタートを切ることができるでしょう。

モダンなバスルームや、シャワールームに理想的な色使いですので、常に清潔感のある、くっきりとした色を保ち、本来のインパクトを弱めないようにしましょう。

鮮やかな色使いに組み合わせる、バスルームのパーツはクロームに、家具は、すがすがしいホワイトにし、現代的な雰囲気に仕上げます。

シトラス・ライムグリーン(**2**、**3**)は、木部に使う、メインのアクセントカラーにしてください。

濃いディープオーシャン・グリーン(**4**、**5**)は、ガラス器や、壁に飾るアートの色に。

ヒスイ色が輝いて

美しいペールジェイド(**1**)が、ナチュラルなワラの色や、太陽の光の色と、コントラストをなしています。イエロー系のニュートラルカラーで、鮮やかな色のバランスを取り、キッチンやファミリールームに向く、心和むパレットが完成しました。大きな窓から降り注ぐ日射しは、これらの色の魅力を高めてくれます。

鮮やかな色と、ナチュラルな色とを組み合わせて、元気な印象に。

ジェイド(**1**)を、キッチン・キャビネットの色にすると、1950年代のレストラン風になります。

サンシャインイエロー(**2**)は、キッチンによく使われる色ですが、温かみを出すために、通常は、よりオレンジがかったイエローが使われています。この色を1枚、またはすべての壁の色にしましょう。目覚めが悪ければ、黄色を多めに。

アボカド(**3**)とストリング(**4**)は、室内で使われている天然素材の色に。たとえば、床に敷くサイザル麻や、ココヤシのマットや、収納用バスケットの色として、取り入れます。

シールブラウン(**5**)は、椅子の張り地や、ドアハンドル、ピクチャーフレームに向く、温かみのある色です。

カラーパレット早見表

シュールで大胆

強い色は、大胆でシュールな主張をする。

シーグリーン（**1**）は、強く、鮮やかなグリーンです。この色と組み合わせられる色のタイプは、二通りあります。よりソフトな色と組み合わせて、アイスクリーム・サンデーのような可愛らしいパレットを作るか、濃い色と組み合わせて、冒険的なパレットを作るか。後者は、部屋にドラマチックな効果を上げるでしょう。大胆な色使いなので、バランスに気をつけてください。

トゥルーブルー（**2**）は、ファブリックに取り入れてください。伝統的な丸みのある家具ではなく、ずんぐりとした四角い形の、モダンな家具を選びましょう。ファブリックは、無地でシンプルな物を──色にすべての仕事をさせましょう。

パウダーブルー（**3**）は、木部の色に使いましょう。

モーブと、ディープパープル（**4**、**5**）は、小物や個性的なディテールの色に。一風変わったオーナメント、たとえば、鉄鋳物の胸像とか、ガーデンノームなどを塗装してみましょう。摩訶不思議な、でも魅力的なインテリア小物になります。

グリーン系 153

エキゾチック・アンティーク

くすんだ中間色は、まるで、それらの色たちが、長年存在してきたかのように見えます。ソフトで、退色したようなバーダグリス（**1**）、ピンク、ニュートラルカラーは、多くの歴史的な色使いを思い起こさせます。壁をつやなし塗料で、ごく薄く塗り、古びた印象に仕上げてください。手描きのアンティークファブリックを入手し、ベッドやソファのカバーにしましょう。

アフリカや極東をイメージした、ビンテージカラー。

ソフトピンクと、カシミア（**2**、**3**）は、柄物のファブリックにぴったりの色です。刺繍のある物や手描きのファブリックで、ベッドやソファをカバーしましょう。

フォレストフロア（**4**）は、自然素材のフロアマットや、暗い色のステインで仕上げた床材の色に。シンプルな木製家具も、同じ色に塗装しましょう。

中古品のグリーングラス（**5**）を、小物の色に。ドリンクや、ティーライトに使う、重いタンブラーなどがいいでしょう。グリーンのガラスビーズをドアや窓を飾り、バザール風の印象に。

カラーパレット早見表

ガラスと陶器のグリーン

地衣から、クジャクの羽色まで、濃淡さまざまなグリーンを集める。

グリーンには、他のどの色よりも多くのバリエーションがあります。そのため、グリーンの部屋のインテリアの可能性と、色の組み合わせには、際限がありません。このように万能な色だけに、カントリー風から、華麗な部屋まで、その仕上がりは様々です。マットと光沢、両方の表面に使った、セージ(**1**)を、エメラルドのタイル、つやのない木部と、組み合わせます。

スタイリッシュで現代的な、キッチンに最適のパレットです。素朴なエナメル陶器の、グリーンの土鍋を手に入れ、濃いグリーンのガス台を部屋のポイントにして、新しい物と、古い物とを組み合わせましょう。

セージ(**1**)と、控えめなライケン(**2**)は、この部屋ではソフトな色であり、もっとも活用されるべき色です。

キッチンでは、鮮やかなマラカイト(**3**)を、タイルやガラスのワークトップと、テーブルトップに。

グリーンティー(**4**)と、ピーコック(**5**)は、調理器具、ポット、ガラス器の色に最適です。

# オーシャングリーン

このオーシャン（**1**）は、万能な色です。このような色合いのグリーンは、バスルーム、リビング、キッチンに使うと大成功するでしょう。オーシャンには、数え切れないほどの色のバリエーションがあり、どの色も、光の強さで色を変化させます。美しいブルーグリーンの色合いは、心に安らぎを与え、住む人を元気づけてくれます。

シーグリーンと、ウォームレッドを組み合わせた、刺激的なパレット。

シーフォーム（**3**）を、床の色にしましょう。バスルームでは、塗装された床材を購入するか、四角いベニヤ板を塗装して、床に張ります。グリーンの色の濃さを変えて、床板で、市松模様を作りましょう。

シェルピンク（**2**）は、ふんわりしたタオルと、石けんの色に。リビングでは、シェルピンクとシーフォームのストライプ地を、椅子のカバーにしましょう。

ブイレッド（**5**）は、部屋のアクセントカラーです。注目を集めるようなガラス器や、壮麗なシャンデリアの色に。

ディープオーシャン（**4**）は、部屋の縁取りに。窓枠、幅木、腰長押の色にしましょう。

カラーパレット早見表

ターコイズのさわやかさ

ターコイズを加えて、古典的な色使いを、斬新に見せる。

鮮やかな色は、必ずしも、他の鮮やかな色と組み合わせる必要はありません。ここでは、ソフトなグレーグリーンと、ミッドナイトブルーが、メインカラーのターコイズ（**1**）の鋭い色の角を、そぎ落としています。このパレットは、ダイニングやリビングで、印象的な主張をするでしょう。

デザインに対する非常に賢明なアプローチとして、思いがけない色同士を、組み合わせてみましょう。ライテストピンク（**2**）は、椅子の張り地に最適の色です。温もりと心地よさを感じさせる色ですが、なお、ニュートラルな空気も漂わせています。シェニール、ウールモヘアのブレンド、合成スエードのような、やわらかいファブリックを選びましょう。

グレーグリーン（**3**）は、カーペットの色に。ターコイズの色味が強すぎると感じる時は、1枚、もしくは数枚の壁だけを、この色で塗るといいでしょう。

ボトルグリーンと、ディープミッドナイト（**4、5**）は、室内に深みを与えてくれます。鏡のフレーム、食器類、キャンドル立て、ランプシェードの色にしましょう。

真夏の野原

どちらと言えば、古めかしい色使いのパレットです。マラカイト（**1**）は紳士の喫煙室や、トランプ用テーブルを思わせる色。この強いグリーンと、いつもワンセットのように使われてきたのは、ソフトでノスタルジックな色たち——それは長い乾期によって、草が枯れ果て、大地が乾ききった後、目にする色です。

太陽の光で色あせてしまったような、感傷的な色たち。

可愛らしいグリーン、ピーポッド（**2**）は、カーテンやファブリックの色に。

日焼けで、色あせたような、サンブリーチトグリーン（**3**）は、木部、ドア、窓のシャッターなどの色にしましょう。

キッチンでは、色あせたテラコッタ（**5**）のフロアタイルと、ワークトップが、とても映えます。古いテラコッタの植木鉢に、デイジー、ポピー、スイートピーといった野の花を植えましょう。

シェル（**4**）はキッチンキャビネットと椅子の張り地の色に。シェルと、他のアクセントカラーが一緒に使われている、可愛らしい花柄か、タータンチェックのファブリックを選びましょう。

ブルー系
(Blues)

インディゴ (indigo) *p. 160*
プルシアンブルー (Prussian blue) *p. 161*
ターコイズブルー (turquoise blue) *p. 162*
ディープ・スカイブルー (deep-sky blue) *p. 163*
スレート (slate) *p. 164*
ウォードブルー (woad blue) *p. 165*
ブライトアクア (bright aqua) *p. 166*
ブルートパーズ (blue topaz) *p. 167*
フォゲットミーノット (forget-me-not) *p. 168*
シーウォーター (seawater) *p. 169*
アクアマリン (aquamarine) *p. 170*
スカイブルー (sky blue) *p. 171*
ペールシアン (pale cyan) *p. 172*
アイスブルー (ice blue) *p. 173*
プロバンサル・ラベンダーブルー (Provençal lavender blue) *p. 174*
クールブルー (cool blue) *p. 175*
パウダーブルー (powder blue) *p. 176*
ベビーブルー (baby blue) *p. 177*
チャイナブルー (china blue) *p. 178*
ブルーベリー (blueberry) *p. 179*
コーンフラワー (cornflower) *p. 180*
ヒヤシンス (hyacinth) *p. 181*
デニム (denim) *p. 182*
ブルーベル (bluebell) *p. 183*
サファイア (sapphire) *p. 184*
フレンチネイビー (French navy) *p. 185*
メディテレニアンブルー (Mediterranean blue) *p. 186*
インク (ink) *p. 187*

カラーパレット早見表

歴史あるインディゴブルー

深く、暗いインディゴは、もっとも歴史の長い染料のひとつ。

極東を源とするインディゴ（**1**）は、常にエキゾチックな意味合いをもつ色でした。ウルトラマリンブルーは、建築家のルイ・マジョレールが、マラケシュの自宅を装飾するために使った色です。このブルーは、現在ではモロッコのモダン建築の特徴的な色になっています。

もっとも深いミッドナイトブルー（**4**）を、椅子の張り地や、革張り部分の色に。できるだけ天然の材料を多く使うようにし、塗装は、すべて、つやなしで仕上げます。ラピスラズリ（**3**）や、レッドアース（**2**）のような、天然顔料の深い色を組み合わせましょう。

こくのあるゴールド（**5**）は、つやのないダークブルーと相性のよい色です。この色のつやあり、もしくはメタリック塗料で、ピクチャーフレーム、鏡の縁を塗装しましょう。さらに、幅木や、華麗なクラウンモールディングもゴールドにすれば、デカダンな雰囲気になること受け合いです。ダイニングテーブルの装飾には、金箔仕上げのプレースマットと、キャンドル立てを用意します。

プルシアンブルーの洗練

強いプルシアンブルー（**1**）を、こういったソフトな色合いと組み合わせると、新鮮な印象になります。この濃く、暗いターコイズは、淡いブルーグレー、衝撃的なラズベリーというアクセントカラーと、鮮やかなコントラストをなします。キッチンでは、アンティークのフランス風食器棚を選び、淡い色で塗装します。

明暗を取り合わせた強烈な色使いには、デザイン性が欠かせない。

淡いブルーグレー（**3**）の石を、床材にしましょう。また、現代的な雰囲気にするため、コンクリートを使ってもいいでしょう。カントリー風に仕上げるため、あえて表面は磨きません。

コーンフラワー（**2**）は、陶磁器や、棚に積み重ねる、保存容器の色に。

濃いラズベリー（**5**）は、カーテンやカバーなどファブリックの色に。織り柄が特徴的な無地のファブリックか、ラズベリーとグレー（**4**）のストライプ地の、どちらかを選んでください。

カラーパレット早見表

進歩的なモダンカラー

衝突する色の組み合わせでも、配色のバランスがよければ、成功する。

大胆な色を選択し、住まいにまったく新しい感覚を取り入れましょう。ターコイズブルー（**1**）は、室内では冷たく見えがちな色です。温かい印象のアクセントカラーと組み合わせて、心地よい雰囲気を生み出しましょう。さわやかなシトラスカラーが、ベースのターコイズを補いつつ、メリハリをつけてくれます。

このパレットは、モダンなロフトスタイルの共同住宅にぴったりですが、伝統的なインテリアに取り入れても、興味深い効果を生むでしょう。

白っぽいアクアティント（**2**）を、木部の色にしましょう。メインのターコイズのバランスを取る、ペールカラーが必要だからです。

ライトシトラス（**3**）と、ワサビ（**4**）は、椅子の張り地の色に。この2色が入った、細いストライプ地を使うか、ダイニングチェアを半数ずつ色違いで張り替えて、交互に並べてください。

ピーチ（**5**）は、このパレットに温かさをプラスしてくれる色です。クッションやカーテン用の、幾何学模様のファブリックの色に、取り入れましょう。

コニーアイランドの夏

この美しいディープ・スカイブルー(**1**)は、住まいに取り入れやすい、幸せで、親しみやすい色です。特に、バスルーム、キッチン、愉快な雰囲気のファミリーリビングに向いています。このパレットは、お好みでいくらでもキッチュにできます。野外市のおみやげをディスプレーし、カーニバルの古いスナップ写真や、面白いデザインのポストカードをフレームに入れて、壁に飾りましょう。

コニーアイランドで遊んだ、夏の日の思い出をパレットに。

風変わりな小物や、ノスタルジックな品々を集めましょう。カーテンのタイバック、照明のプルコード、タオルバーに、係船用ロープを使いましょう。

このパレットは、配色がすべてです。メインのブルー、ホワイト(**2**)、サンド(**3**)のストライプを、壁、またはバスルームのウッドパネルに塗り、カーニバル風に。

ソルティ・アンティークブルー(**5**)は、床の色に。

ブライトレッド(**4**)は、プラスチックやほうろうのカップやプレートの色に取り入れてください。カップ類を壁のフックからぶら下げて、インテリアのポイントにしましょう。

カラーパレット早見表

安全な隠れ場所

くすんだ色使いの部屋は、沈思黙考に向く。

抑えた色合いの、ソフトなパレットです。スレート（**1**）は黒っぽく、目に優しい色です。このようなパレットは、オフィスや、静かなリビングコーナーに向いています。この部屋はまるで、繭にくるまれているかのよう。マットな仕上がりは、屋外の騒音を吸収し、街の雑踏とは別世界の心休まる空間を生み出してくれます。

ディープスレート（**2**）の、厚みのあるソフトなカーペットで、足元を心地よく。椅子のカバーには、シールグレー（**3**）のブラッシュトモヘアや、スエード、コットンベロアを使いましょう。これらは、クールでニュートラルな色合いに、さりげない陰影をつけてくれる素材です。

ダスティピンク（**4**）と、フォックスグラブ（**5**）で、フェミニンな雰囲気をプラスし、グレー1色になってしまうのを避けます。このピンクの温かな色合いは、可愛らしくなりすぎることなく、室内に心地よい空気を生み出してくれます。クッションや、花瓶、ブックカバーなどの小物類の色として、部屋の中で控えめに使ってください。

ハンドメイドの安らぎ

ソフトなウォードブルー(**1**)と、温もりとくつろぎを感じさせるテラコッタ、ディーププラムの組み合わせは、心地よいリビングやキッチンに。ブルーは、濃いブラウンやアースカラーと組み合わせると、とても映える色です。カントリースタイルや、伝統的な地中海風のキッチン、モダンで大胆なリビングルーム、いずれのスタイルにも取り入れやすい色使いです。

温かで、
心地よい色合いに、
ブルーを投入する。

どっしりと大きい家具を選び、色の重厚さに合わせましょう。プラム(**5**)を、革張りのチェアや豪華なシートカバーの色に。

ポタリー(**2**)とブルークレイ(**4**)は、温かみがあり、心を誘う色です。どんな部屋にもぴったり合います。

テラコッタ(**3**)の床は、モダンキッチンやリビングに取り入れると、たいへんシックに見えます。スペイン、フランス、モロッコのハンドメイド・タイルを張れば、たちまち年月を経た住まいの印象になります。これらのタイルは、床、ワークトップ、シンクの奥の壁に使いましょう。テーブルトップに使うこともできます。

カラーパレット早見表

爽快なバスルーム

爽快感のある色で、シンプルなバスルームを元気に見せる。

ブライトアクア(**1**)は、バスルームに最適の色です。実用的な部分に張るセラミックやガラスタイルには、イエローのアクセントカラーを使いましょう。鮮やかな色は、あまり装飾を必要としないので、モダンでシンプルな雰囲気でまとめ、クロームのパーツやディテールには、お金をかけましょう。

1

2

3

レモンフォーム(**3**)は、室内のどの木部にも使える色です。造作は直線的にし、つやあり塗料でなめらかに仕上げてください。

バターカップ(**2**)を床の色にすると、毎朝、床が黄金色に輝きます。この色は、シャワールームの蛍光色を帯びたガラスの色に取り入れてもいいでしょう。

4

5

バスルームは、プレーンホワイト(**4**)でシンプルに。ただ、デザインは超モダンにし、トイレ、バスタブ、洗面台は人間工学に基づいた最新型を選んでください。

ダークターコイズ(**5**)は、ディテールの色に。お気に入りの言葉をウォールステッカーにして壁に張りめぐらせ、個性的なアクセントにしましょう。

薄いベールをまとって

ブルートパーズ（**1**）の、清潔で優美な色合いは、透明なカラーガラスのよう。寝室やバスルームが、軽くふんわりとした雰囲気になります。半透明の軽量なファブリックをカーテンにし、薄く色づいたガラスのランプや、キャンドル立てを選んでください。シャンデリアでもいいでしょう。上手に柄や色を重ねて、室内に深みを生み出してください。

ガラスのようなほのかな色使いは、住まいに聖地を創る。

この部屋の特徴は、控えめな豪華さです。仰々しい要素は一切ありませんが、壁や家具の表面の仕上げで、真のぜいたくさを感じさせます。

セルリアック（**2**）とセージ（**3**）は、チョークのようなつやのない塗装の色に。

スレートブルー（**4**）は、ソフトで触り心地のよい、椅子張り地の色に。

室内にわずか一、二点飾られている、希少な装飾品の色には、ラベンダー（**5**）を選びました。重厚なガラスの花瓶や、フローティング・キャンドルを浮かべた大型のボウルなどがおすすめです。目に見える所に置く物はこれだけにし、後の物は上手に視界から隠してしまいましょう。

カラーパレット早見表

陶磁器とベルベット

古い住宅の応接室を
イメージしたパレット。

フォゲットミーノット(**1**)は、時代的な特徴をもつ、歴史的な住宅にぴったりの色です。リビングやダイニングの1枚の壁だけに、昔風の壁紙を張り、デカダンで、ノスタルジックな雰囲気にまとめます。

美しいグリーン(**2**、**3**)は、お好みに合わせて分量を調整してください。カーペット、カーテン、椅子の張り地は、すべてこの2色のグリーンでまとめましょう。素材は、無地の織物、圧縮ウール、光沢の少ないベルベットのいずれかを選びましょう。背もたれがボタン止めになった、ソファスタイルのアームチェアが、部屋の雰囲気に合います。

色の濃さが違う2色のピーチ(**4**、**5**)は、ほのかな明かりを部屋にもたらしてくれます。この2色を、壁紙や、装飾的なクッションの柄に取り入れてアクセントにするといいでしょう。ペールピーチの陶磁器を選び、照明には、ほのかなピーチ色のガラスシェードを取りつけましょう。自然光にも、キャンドルライトにも映える色です。

ブルー系　169

レトロ・キッチン

シーウォーター（**1**）は、ニュートラルな背景色として使いやすい色です。ここでは、クラシックなベージュとタバコ色をアクセントカラーに選びました。伝統的な1940年代のインテリアカラーですが、今再び流行の色となっています。1940年代〜50年代を思わせる形の家具を選び、大胆な幾何学模様のファブリックとアートで装飾しましょう。

モダンと
レトロを組み合わせて、
独自のデザインに
仕上げる。

このパレットは、ダイニングか、オープンプランのキッチンに合います。タバコ（**2**）色の、朝食用、またはカクテル用カウンターにベージュのハイスツールをセットし、ガラスの引き戸がついた食器棚を置きます。多くの家具メーカーが、この時代の家具のデザインを、復刻させています。

カクテルグラスと、ミルクシェーク（**4**）色のレトロ調冷蔵庫、トースター、ケトルを選べば、レトロスタイルが強調できます。

1940〜50年代の食品パッケージから、ティール（**5**）の物を手に入れ、棚やカウンタートップに積み上げて、個性を出します。

カラーパレット早見表

モダンな花柄

花柄を
現代的に使うなら、
ブルーを選ぶ。

アクアマリン（**1**）は、美しい背景色です。すっきりと鮮やかに仕上がり、周囲を圧倒することはありません。今日では、模様や花のモチーフを、モダンでグラフィック風にアレンジする、ファブリックと壁紙のデザイナーがたくさんいます。さわやかなカラーパレットを生み出すヒントになる、壁紙のデザインを探しましょう。

ペールピスタチオ（**2**）は、木部の色に。空間のフェミニンさを抑えるため、ディテールのデザインは、装飾の少ない、ラインのすっきりした物を選んでください。

フレッシュミント（**3**）は、バブルガム（**4**）と、アニシード（**5**）とともに、柄の1色として、取り入れてください。背景に、ホワイトを入れたほうがいいかもしれません。ホワイトの入ったアートを壁にかけ、色のない部分を作ります。

柄物で、大胆な色の椅子の張り地が、今とても人気があります。しかし、椅子の張り地をすべて柄物にしたいと思わないなら、無地のアニシードを選んでください。柄物のクッションや、カーテンで装飾します。プレートやカップも、柄物にしてしまいましょう。

ブルー系　**171**

心和むニュートラル

スカイブルー（**1**）を、明度の高いグレーと、温かなニュートラルカラーと組み合わせると、くつろげる落ち着いた空間が生まれます。控えめな色使いで、穏やかな雰囲気の部屋にしましょう。この部屋には、何ひとつ目立つ物がありません。すべてが目に優しく、必要な物が必要な場所に置かれています。

**寒色と暖色を
組み合わせた、
心安まる優しいパレット。**

モーニングミスト（**2**）は、軽やかで、半透明の美しい色です。木部の色にしましょう。つやあり、つやなしの、どちらの仕上げにもよく合います。

ダブ（**3**）は、ファブリックの色に。寝室では、心地よい眠りのために、様々なテクスチャーとファブリックを重ねて使います。

暖色系のニュートラルカラー（**4**、**5**）で、室内に高級感をプラスします。シートカバーをスエードにし、床にはやわらかなシープスキンのラグを敷きます。ブロンド色の天然木を削って作った、ボウルやキャンドル立てを飾ってください。

カラーパレット早見表

チョークのようなパウダートーン

ペールアクアに、明度の高いグレーを組み合わせて、穏やかにまとめる。

ペールシアン（**1**）を活かしたパレットは、夜明けの水平線にヒントを得ました。曙のひととき、色は周囲を圧倒しません。どの色も控えめで、美しく溶け合っていきます。それこそが、この部屋の目指すイメージです。控えめで目に優しい色たちが、床から天井まで、なめらかに色の変化を見せてくれます。

ミルキーピンク（**2**）は、ヨーグルトの色です。濃いベリーにミルクを加えて、淡く、ソフトな色にしました。この淡いピンクを、ファブリック類の色にしましょう。光を吸収するというより、反射するような圧縮ウール地を選び、明度の高い部屋の色使いを強調しましょう。

濃淡2色のウォッシュストーン（**3**、**4**）は、木部と床の色に。カーペットも、木部も、マットに仕上げてください。

ラズベリーブルーム（**5**）は、この部屋で一番強い色です。カーテンや小物類の色にしましょう。

ペールカラーで空気を軽く

「軽さ」は、モダンデザインを語る上での鍵です。単に、色や重量という意味だけでなく、心を明るくするといった、心理的な意味合いもあります。アイスブルー（**1**）の、軽やかで、ふんわりとした部屋には、気分を変える効果があります。部屋に入ると、たちまちストレスが軽減し、穏やかな気分になれるでしょう。

ペールカラーは、暗く、冴えない部屋に、新鮮な空気を運んでくれる。

こういった繊細な色合いは、室内を、くつろげる、穏やかなムードにしてくれます。ブルーには冷たい印象があるため、インテリアにブルーを取り入れることを、ためらう人は少なくありません。しかし、ブルーは、頭の回転をよくし、不眠症を改善する効果がある色と言われていますので、勉強部屋や寝室に取り入れましょう。

スーパー・ペールレモン（**2**）と、パール（**3**）で、天井と床を塗装すると、室内の空間の広がりを強調することができます。

このパレットの中で一番強いブルー（**4**、**5**）は、木部と、ベッドリネン、椅子の張り地の色にしましょう。

カラーパレット早見表

プロバンスのカントリーハウス

独特のブルーは、南仏のカントリーハウスの色使い。

ブルーは、あらゆる色の中で、もっとも国際的と言えます。多くの国では、伝統的な住宅や建築物に、好んでブルーを使っているからです。プロバンサル・ラベンダーブルー(**1**)と、ソフトピンクを組み合わせた、このパレットは、フランスはプロバンス地方の住宅にヒントを得たものです。漆喰壁と、ブルーのドアと窓枠が、この地方のカントリーハウスの特徴です。

メインのラベンダーブルーは、床と天井に。その理由は、こういったソフトな色使いの部屋の場合、ホワイトでは、強すぎるからです。

ソフトピンク(**2**)は壁の色に。ナチュラルな水性または石灰ベースの塗料を使い、カントリー風に、つやなしで仕上げます。塗料を薄めて塗り、壁をあえて古びた感じに仕上げてもいいでしょう。

フレンチブルー(**3**)を、木部やドアに。そして、インク(**5**)の暗いブルーを、食器棚に塗りましょう。

スレート(**4**)は、どっしりとしたワークトップや、ニュートラルな家具、ファブリック類の色に。

クールカラーの使い分け

このクールブルー(**1**)のパレットは、伝統的な雰囲気のリビングやダイニングに、また、よりモダンで、アーティスティックな雰囲気のキッチンや書斎にも向いています。明暗様々な色をうまく使い分ければ、一部屋に複数のコーナーを作ることができます。もし家具の色が暗めなら、淡い色の壁の前に置くと、最大限に色の魅力を引き立てることができます。

クラシックにも、モダンにも、自在に使えるクールな色たち。

黄味がかった2色のグリーンは、メインのクールブルー(**1**)に温もりと光を与えます。グリーンとブルーは、古典的な組み合わせですが、モダンな部屋にも違和感なく馴染みます。

ソフトなアボカド(**2**、**3**)は、キッチンにぴったりの色。表面に凹凸の装飾があるキッチンドアに、この2色を塗ります。濃いグリーンで、装飾に陰影がつくように、工夫しましょう。

エメラルド(**4**)は、床やタイルの色に。樹脂ベースのつやあり塗料を塗れば、宝石のようにきらめき、視線を引き付ける美しい床ができあがります。

ブラック(**5**)は、日本風のプレートやボウルの色に。研磨したみかげ石のワークトップの色にもいいでしょう。

シックなウッドキャビン

カントリー調のブラウンと、さわやかなブルーの、ロマンチックなパレット。

このパウダーブルー(**1**)のパレットは、北欧やカナダの、ウッドキャビンにヒントを得ました。ウッドキャビンは都市に住む人々の間でも人気が高まっている昔風の住宅です。むきだしの木材とレンガ、手作り家具と伝統的な織物が生み出す空間は、現代社会を忘れられる、心休まる隠れ家です。

パウダーブルー(**1**)は床の色や、家具の塗装色に。室内に、濃いブラウンや、ナチュラルな木肌が多用されるほど、このブルーがコントラストをなす、さわやかな色として際だちます。

ソフトパテ(**2**、**3**)は、ナチュラルな木製家具の、ウォッシュ塗装の色にしましょう。

美しいナチュラルブルー(**5**)は、伝統的な織物に使われていた色で、ホワイトとの組み合わせが一般的です。カナダや北欧の伝統的なファブリックを手に入れ、ベッドスプレッド、テーブルクロス、ブランケットにしましょう。

ベビーブルー、ベビーピンク

子どものために部屋を装飾する時、昔から男の子にはベビーブルー(**1**)を、女の子にはピンクを使います。今日では、その2色の使い分けは厳しくなく、お好みで2色を組み合わせたりもします。ここでは、ブルーとピンクを、バランスよくミックスしました。淡い色と濃い色を取り混ぜて、子どもの寝室を彩りましょう。

無垢な色を集めた、子どものためのパレット。

ソフトなダブグレー(**2**)を、床と木部に。このような色の組み合わせでは、グレー系を入れると、室内が弱々しい感じになりすぎません。クッションやベッドスプレッドの柄に、グレーを取り入れるといいでしょう。

ベビーピンク(**3**)と、ダブグレーのストライプやチェック地で、椅子のルーズカバーや、クッションを作りましょう。

ラズベリーコーディアル(**5**)と、トゥーティフルーティ(**4**)を、楽しいディテールの色に。ソファ類の代わりにハンモックを吊ってみてはいかがでしょう？　天井に照明を数個取りつけ、異なった形のシェードをつけるのも面白い演出です。

カラーパレット早見表

ウェッジウッドと、デルフト焼き

17世紀に、ヨーロッパで作られた陶磁器の色をヒントに。

英国のウェッジウッドと、オランダのデルフト焼きという、クラシックな陶磁器にヒントを得たチャイナブルー(**1**)のパレット。ブルーとホワイトのモチーフが使われている、これらの陶磁器のデザインは、どちらも世界的に知られています。ブルーとグリーンの顔料の製造技術が進歩した17世紀、この2色は、流行のインテリアカラーとなりました。

ヨーロッパの陶磁器に使われているブルーの釉薬や模様は、中国の技術を模したものです。こうして誕生したウェッジウッドや、デルフト焼きは、その後のデザインの世界に影響を与え続けてきました。室内を伝統的な雰囲気に仕上げるなら、陶磁器に描かれている素朴な絵柄を、いくつか抜き出して壁に描きます。また、デルフトタイルの精巧なイミテーションが簡単に手に入るので、キッチンや、暖炉の周辺やバスルームに使うといいでしょう。

部屋の特徴を、暗いブルー(**3**)で際だたせましょう。

トーンの違うグリーン(**4**、**5**)は、ファブリックや、1階に敷くすべてのカーペットの色に。

パンジーとブルーベリー

濃いバイオレットブルーは、あまりにも強烈な色なので、たとえば鮮やかなパンジーのように、自然界にあっても、人工的に見えてしまいます。自然の中で目にするブルーは、住まいに素晴らしいインスピレーションを与えてくれます。メインのブルーベリー(**1**)は、レッドのアンダートーンのおかげで、住まいに馴染みやすい、くつろげる温かな色になっています。

温かみのあるバイオレット系なら、ブルーの部屋でも優しい印象に。

ゴージャスなブルーバイオレット(**1**、**3**、**4**)は響き合い、シンフォニーを奏でています。建築状のディテールを際だたせるために、これらの色を使ってください。

部屋を明るいムードにするため、ホワイト(**2**)を天井の色にします。もし伝統的な腰長押をつけるなら、腰長押の下の壁は、ホワイトと、ブルーバイオレットのストライプにしてください。

ブラッシングピンク(**5**)は、クールなバイオレットに対抗する美しい色です。このピンクの差し色は、バイオレットブルーのもつ温かみを強調し、カラーパレットを仕上げてくれます。もしここにピンクが入らなければ、同じブルーの色調だけの、ぼんやりとしたパレットになるはずです。

カラーパレット早見表

ロイヤルブルー

古い君主の肖像画に
ヒントを得た、気品ある
ブルーのパレット。

古くから、コーンフラワー(**1**)のようなブルーは、王族を示したり、神像を表現する色として使われることが、よくありました。ウルトラマリンは、ラピスラズリと呼ばれる鉱物から作られた色で、昔は、金よりも高価でした。その豪華な色合いと、希少価値によって、ウルトラマリンは、富を象徴する色となっていったのです。

ブルー、クリーム、ブラウンという古典的な色の組み合わせは、たちまち、室内に豪華な雰囲気を生み出します。このパレットは、貴族的なリビングや、ホームライブラリーに合います。

ロイヤルブルー(**2**)は、天井の色にしましょう。壮麗な仕上がりにするために、小さな星をペイントしたり、小さい電球をつけて、あなただけの星座を創りましょう。

クリーム(**3**)は、高価な革張りのソファ類と、パイル長のある、フラシ天のカーペットの色に。

ノアゼットと、ウォルナット(**4**、**5**)は、暖炉、小さめのテーブル、重厚なピクチャーフレーム、革装の本の色に。

神秘的なブルー

ブルーは海の色、晴れた日の空の色。常に私たちの心を高揚させ、エネルギーで満たしてくれます。空間と自由を象徴し、くつろぎと和やかさを感じさせる色です。どの色も部屋の雰囲気を変えますが、ヒヤシンス(**1**)のようなブルーは、お気に召すまま、どんな心の旅にも連れていってくれます。

悟りの境地へといざなう、ブルーの道。

自然の風景に見られる、ブルーとグリーンは、インテリアでも相性のいい色同士です。明暗様々な色使いは、こぢんまりとした、繭のような雰囲気を生み出してくれます。暗めの色には、騒音を遮断する作用もあります。

スピリットグリーン(**2**)は、窓枠に最適の色です。窓の周囲にグリーンを使うと、外の自然を室内に取り入れたような印象に。

深いフォレストグリーン(**3**、**4**)は、床とカーテンの色に。ソファは低めのタイプにし、ゆったりと横になれるように、ラグマットを敷きます。

ウルトラマリン(**5**)を、シルクのクッション、香炉、照明器具のガラスシェードの色に。

カラーパレット早見表

カジュアルなデニムブルー

クローゼットの洋服に
ヒントを得て、デニム地を
使ってみましょう。

デニム(**1**)は、もはや、学生とカウボーイだけのものではありません。今では、品質のよいファブリックとして、衣料だけでなく、高級感のあるインテリアにも使われています。デニムはその耐久性から、優れたインテリア素材になります。暗いインディゴから、白っぽいストーンウォッシュまで、カラーバリエーションも豊富です。

デニム(**1**)は鈍い色なので、この色を元気に見せてくれる豊かな自然光や、アクセントになる色が必要です。

ダークデニム(**2**)を、キッチン、バスルーム、書斎の椅子のカバーに。ファンキーな雰囲気のダイニングなら、ダイニングチェアのカバーにも同じデニムを使い、ナプキンの素材も、デニムにしましょう。

ストーンウォッシュ(**3**)は木部の色に。この、やや薄めのデニムカラーは、カラーパレットのすべての色を、結びつけてくれます。

モーブ(**4**、**5**)は、室内に温もりを与えてくれるでしょう。古いTシャツを、クッションカバーや、ランプシェードに使い、面白みをプラスします。

陽気で、いたずら好き

明るいブルーベル（**1**）とレッドという、ぶつかり合う色を取り合わせたパレットが、いきいきとした雰囲気を生み出してくれます。色は、必ずしも調和させる必要はありません。ブルーやレッドのような原色は、室内で強い主張をします。ここでは、明暗様々な色の遊びが、目を楽しませてくれます。

ブルーとレッドを組み合わせ、ファンキーな寝室に。

ベッドカバーに、大きな図柄を取り入れましょう。お気に入りの写真を、ファブリックにプリントして使うこともできます。

ブルーベリー（**3**）を、カーペットや、床材に。リノリウムやラバータイルといった、つやのない素材を選んでください。

インク（**2**）は、木部の色に。また、つやあり塗料で塗った壁に、この色で、ピンストライプを描いていきます。

キャンディピンク（**4**）と、ルージュ（**5**）を、ファブリックの柄に取り入れるか、ドアハンドルやピクチャーフレームといったディテールの塗装色にしましょう。

カラーパレット早見表

サファイアと、エメラルドの輝き

つやと、
きらめきがある、
宝石のようなパレット。

サファイア(**1**)という色のもつ、高級感とまばゆさは、つやのある塗装や、メタリック仕上げで強調することができます。ダイニングやリビングでは、壁をこの色で塗った後、ラッカーやワニスを重ねて、つやのある仕上がりにしましょう。こういった壁の仕上げは、光を反射させ、室内をいっそう色で満たします。古い家具も、光沢仕上げで、生まれ変わらせましょう。

デカダンな雰囲気を出すために、宝石で壁を飾ります。リサイクルショップで、コスチュームジュエリーを入手し、ブローチやネックレスを、模様を描くように、ピンで留めます。

ジェット(**2**)は、木部の色に。テーブルトップや、ワークトップの色に取り入れてもいいでしょう。つやあり塗料を塗る時は、ペーパーをかけてから、重ね塗りすれば、素晴らしくつやのある仕上がりになります。

エメラルドとジェイド(**4**、**5**)は、照明のガラスシェードの色に。エメラルドをメタリックの釉薬と混ぜて、鏡のフレームや、暖炉の周囲を塗りましょう。

ヨーロッパのファームハウス

濃いダークブルーと、色あせたような、カントリー調のストーンレッドという組み合わせは、古くからヨーロッパの住宅で使われてきました。このパレットのメインカラーは、フレンチネイビー（**1**）です。ブルーとレッドという、シンプルながら効果的な伝統的配色に、インスピレーションを得たパレットです。キッチンや、庭に出られる部屋に、ぴったりです。

古くから内外装に使われてきた、カントリーカラー。

ダークブルー（**2**）は、フレンチネイビー（**1**）の彩度を上げた色です。この色を、屋内外の木部の色にしてください。

ブルーの陶製プランターと、ダークウッド（**3**）の木箱に、コルジリネのような濃い色の葉をもつ植物を植えましょう。

植物の回りに、バークチップを蒔くと、雑草の繁殖が遅くなりますし、庭の配色にも、さりげなく貢献してくれます。

屋外を屋内に、というテーマのもと、庭の敷石である、レッドフラッグストーン（**5**）を床材にし、淡いテラコッタ（**4**）を、造作の色にしましょう。

カラーパレット早見表

地中海に浮かぶ島

石灰塗料を塗った
白い家と、地中海の夏の
夜をヒントに。

旅行中に目にした色から、インスピレーションを得ることもあるでしょう。しかし、濃いメディテレニアンブルー（**1**）と、温もりのあるピーチが、太陽の光が降り注ぐ海辺の保養地でどんなに美しく見えても、自宅では同じ効果が得られないかもしれません。インテリアカラーは、壁に塗ってテストしてから決めるようにしましょう。

南スペイン、ギリシア、イタリア、フランスの村では、昔から、太陽熱を反射させるために、住宅の外壁を石灰モルタルで白く塗る伝統があります。このパレットは内装用なので、より心地よい雰囲気を出すために、ホワイトではなく、温かみのあるクリーム（**2**）を選びました。

かすんだ空の色、ヘイジースカイ（**3**）は、床板や窓枠の色に。鏡やピクチャーフレーム、食器棚の塗装にも、この色を使ってください。

ピーチと、サンセットオレンジ（**4**、**5**）は、匂い立つような、熱い色です。クリームと一緒に、ストライプやチェック柄のファブリックの色に取り入れてください。手描きの陶磁器のボウルに、エキゾチックなフルーツを盛り、インテリアの仕上げにします。

部屋を広々と

キッチンのワークトップには淡い色を使い、光を反射させましょう。濃いインク（**1**）が、淡い色のグループによって、元気に見えます。この深いブルーは、予想を裏切る色です。というのは、部屋を狭く見せるどころか、部屋のスペースを広げ、より明るく見せてくれるのです。

室内をフレッシュなムードにしてくれる、シンプルなブルー＆ホワイト。

磨いた床板と、窓のシンプルな木製シャッターを、バフ（**2**）で塗ります。ドアの縁に民芸調の柄を手描きしてみては、どうでしょう？　木部は、すっきりと磨き上げます。

より伝統的な雰囲気に仕上げるなら、ペールグレー（**3**）と、エアフォースブルー（**5**）の、チェックや水玉のファブリックで、シートカバー、カーテン、ナプキンを作りましょう。

ディテールは、あくまでもベーシックにまとめましょう。昔風のバトラーズ・シンクや、ホワイトやペールグレーの陶磁器などがおすすめです。

バイオレット系
(Violets)

- ブラックベリー (blackberry) p. 190
- グレープ (grape) p. 191
- インペリアルパープル (imperial purple) p. 192
- アイリス (iris) p. 193
- ストームクラウド (Storm cloud) p. 194
- アメシスト (amethyst) p. 195
- クールラベンダー (cool lavender) p. 196
- モーブ (mauve) p. 197
- バイオレットグレー (violet gray) p. 198
- フロステッドラベンダー (frosted lavender) p. 199
- ライラックティント (lilac tint) p. 200
- シュガードバイオレット (sugared violet) p. 201
- ダスティモーブ (dusty mauve) p. 202
- ヘザー (heather) p. 203
- ブラックチェリー・ムース (black cherry mousse) p. 204
- ウォームラベンダー (warm lavender) p. 205
- シクラメン (cyclamen) p. 206
- ビクトリアンモーブ (Victorian mauve) p. 207
- クレーバイオレット (clay violet) p. 208
- ヘリオトロープ (heliotrope) p. 209
- パープルヘイズ (purple haze) p. 210
- プラム (plum) p. 211
- ブラックカレント (blackcurrant) p. 212
- エッグプラント (eggplant) p. 213

カラーパレット早見表

ベリー色のバリエーション

**ブラックベリーを
元気に見せるのは、
赤味の強い、クランベリー。**

ブラックベリー(**1**)は、無彩色に近い色なので、思い切ったハイライトカラーと組み合わせて、心地よい雰囲気を作りましょう。このパレットは、豪華でゆったりとした、リビングやダイニングに向いています。壮麗な暖炉、コーニス、窓のシャッターといった、この部屋の時代的な特徴を明度の高いグレーで塗装し、アクセントをつけます。

1930年代のインテリアをヒントに、嵐雲の色、ストームクラウド・グレー(**2**)と、バイオレットグレー(**3**)の家具を配します。ディープクランベリー(**4**)の寝椅子を置けば、いっそうクラシックなムードが引き立ちます。

クランベリーと、ピオニー(**5**)の、ベルベットとサテン地を使い、色に奥行きを与えます。最高級のペールグレーのカーペットを敷き、カーテンには、床までのカスケードをつけます。モダンな印象も加味するなら、クランベリー色に染めたシープスキンを縫い合わせた、特大のラグを敷きます。

グレーが息苦しくならないよう、室内には花を絶やしません。花の形がドラマチックな、ピオニー(ボタンの花)とか、ピンクのユリを選び、バイオレットの壁と、コントラストをつけます。

パープルの魔法

今日手に入る塗料の中で、ダークグレープ(**1**)は、もっとも豪華で、放縦な印象のある色です。酔うような濃い色合いは、強い香りすら感じさせます。この色がイメージさせる場所は、古代のアヘン窟や、贅沢を極めた宮殿、そして、けばけばしいカーテンと細部まで凝った装飾のある古い劇場です。

様々なバイオレットを組み合わせ、装飾的で、デカダンな部屋を作る。

パープルは、誰にでも好かれる色ではありません。しかし、こういったグレーがかったラベンダーやチョコレートカラーと組み合わせると、なぜか、愛くるしい色に見えてきます。

ソフトで、ややグレーがかったダスティラベンダー(**2**、**3**)を、木部の色にします。衣装だんすや、寝室の引き出しも、この色で塗りましょう。

パープルヘイズ(**4**)は、このパレットの中で、一番鮮明な色です。サテンのベッド用クッションの色にしましょう。引き出しの、ガラスの取っ手や、カクテルグラス、キャンドル立ても、この色の物を探しましょう。

豪華なサテン地の、キルト・ベッドカバーの色は、ビターフィグ(**5**)にしてください。

カラーパレット早見表

クロッカスと、ラベンダー

パープルの花の色を加えた、甘美なパレット。

インペリアルパープル（**1**）をメインにするなら、室内に軽やかさを出すために、ペールクロッカス（**3**）や、ソフトアイリス（**2**）といった、軽めの色を組み合わせてください。このパレットは、お好みに合わせてアレンジすることができます。暗い色に圧迫感を感じる場合、また、部屋があまり大きくない場合は、1、2枚の壁には、ペールクロッカスを塗りましょう。

多くの人は、パープル1色の部屋を重苦しいと感じるでしょう。そのため、地衣植物の色、ライケン（**4**）といったソフトな色を床に使い、部屋のムードを軽くします。

椅子張り地の色は、壁の色次第です。暗め、明るめの色を、それぞれ何枚の壁に塗るかによって、椅子の色も変わってきます。ペールクロッカスの壁の前に置くなら、バーク（**5**）を、ダークパープルの前なら、ペールクロッカスを、選んでください。

ソフトアイリス（**2**）は、小物の色に取り入れてください。ランプシェード、クッション、カーテンを留めるタイバックの凝ったタッセル、暖炉の周りのタイルを、この色にしてください。

アヤメの庭園

グリーンは、どの色相とも合うので、ニュートラルな色とみなされることがよくあります。このパレットでは、アイリス(**1**)のようなバイオレットと、グリーンの組み合わせが、いかに映えるかが、お分かりになると思います。庭から直接花を摘んできたような色の組み合わせは、寝室やバスルームを可愛らしく、モダンな雰囲気に変えてくれます。

バイオレットと
グリーンは、互いを
引き立て合う組み合わせ。

クリヤー・ウォータリーグリーン(**2**、**3**)は、軽やかで、さわやかな美しい色。アイリス(**1**)を明るく見せてくれます。つやのある木部や、バスルームの造作を、この色にしてください。この部屋には、複数の鏡を取りつけるか、ミラーガラスの壁にし、光をたっぷり取り入れてください。

ダスティモーブ(**5**)を、つやのない床の色に。

ブルーリップル(**4**)は、バスルームのガラス器か、ゆったりとしたバスタイムのためのキャンドル立ての色にしましょう。ラベンダーオイルと、シーダーの枝を使い、ナチュラルなガーデンカラーの色合いを、香りで仕上げましょう。

カラーパレット早見表

嵐の空と、光の色

モーブの背景色にマッチする、温かみのあるニュートラル。

イエローは、色相環で、パープルのちょうど向かいに位置する色です。この、暖色と、寒色という対照的な2色の組み合わせは、互いに引き立て合い、モダンインテリアでは、古典的とも言える組み合わせになっています。ストームクラウド(**1**)は、曇り空をヒントにした色です。雲の切れ間から差し込む、一条の光を、アクセントカラーで表現しました。

メインの背景色は、淡いストロー（わら）と、夕日の色に、くっきりとした輪郭をつけてくれます。ファブリックには、ライトストロー(**3**)の、つやのない麻地を使いましょう。

サンドストーン(**2**)は、石材、カーペット、シーグラスやサイザルのような、天然素材のマットの色に。

ピンククラウド(**4**)は、カーテンや、シートカバーの色にしましょう。

サンセットオレンジ(**5**)は、厳選した小物の色に。ソファに並べる2個のクッションと、マントルピースに飾る丸い花瓶に差したバラの花を、この色にしてください。

ドラマチック・パープル

第一次世界大戦後の1920年代、パープルは、自由の象徴と言える色でした。悲痛と緊張の日々が終わり、パープルの洋服を着たり、アメシスト(**1**)のような色を、住まいに取り入れるのは、たいへん贅沢なことだったのです。やがてこの色は、踊り明かし、奔放に暮らした「フラッパー」と呼ばれる女性たちと、同義語となりました。

装飾的で、退廃的なムードを生み出す、ジュエルカラー。

濃く、いきいきとした、これらの色は、どんな部屋にも、ドラマを生み出してくれます。アメシスト(**1**)の壁には、部屋を明るく見せるための、十分な照明が必要です。セクシーで、贅沢なバスルームや、劇場のようなダイニングルームに向くパレットです。このダイニングでは、お客様は俳優のようなもの。カラーコーディネートした料理を出しましょう。

深いミッドナイト(**2**)は、バスルームの造作や、強い光沢仕上げにした、ダイニングの家具の色に。

鮮やかで、大胆なターコイズ(**4**、**5**)を、ガラス器の色にします。キャンドルを灯し、部屋をほの暗くすると、ガラスの器は美しく輝き、部屋をきらめく光で満たしてくれます。

カラーパレット早見表

香りたつラベンダー

咲き誇る庭の花々を
イメージした、
芳香のパレット。

クールラベンダー(**1**)と、強いフローラルカラーは、ロマンチックな、暑い夏の夜をイメージさせます。この部屋が、バラの咲き乱れる庭に続いていれば、申し分ありません。しかし、そういう条件の部屋でなくても、ミニバラや、刺激的な香りのラベンダーを、ウィンドーボックスいっぱいに、飾ればいいのです。

開け放った窓から漂ってくる、花々のやわらかな香りに包まれて、眠りに落ちる瞬間を、想像してみてください。このパレットなら、その心地よい瞬間を、色で感じることができます。花の咲かない冬の季節でも、変わりありません。

これらの愛らしい色は、暗い朝でも、気分を明るくしてくれます。ピスタチオ(**2**)の、薄く透ける生地を重ねて、窓にかけます。ガラスのシャンデリアも、この色にしましょう。

アンティークグリーン(**3**)は、木部、クラウンモールディング、造りつけの食器棚の色に。たくさんの鏡を飾り、光を最大限に取り込みます。

ローズピンク(**4**)と、センテッドストック(**5**)は、ホワイトのベッドリネンを飾る刺繍の色として、取り入れましょう。

華麗なるモーブ

豪華なリビングや、ダイニングの装飾にふさわしいパレットです。モーブ（**1**）は、正餐のスペースに向く、デカダンな雰囲気の美しい色です。この色は、照明器具によって劇的に変化します。日中は、明るく、さわやかなランチルームが、夜は、高級感あふれるダイニングルームに変化するのです。

バイオレットは、フォーマルな部屋に合う。

ファブリック、素材感、表面の仕上げを、慎重に選択してください。なぜなら、このパレットでは、上質感がすべてだからです。パインやアッシュのような淡い色の木が、このようなフォーマルな雰囲気の部屋では、高級に見えます。天然の革と、スエードの色（**2**、**3**）を、ナプキンとプレースマットで、取り入れましょう。

シルバーは、バイオレットと相性のいい色なので、シルバーのナプキンリングと、ピクチャーフレームをぜひ、手に入れてください。

リーガルパープル（**4**）は、パイルの長いベルベット地のカーテンや、ダイニングチェア用シートの色にすると、たいへん映えます。色の深みを強調するため、柄のあるベルベットを選びましょう。

カラーパレット早見表

ロフトのある部屋に

ロフトのついたモダンな
ワンルームに向く、
都会的なパレット。

この、バイオレットグレー（**1**）をメインにした個性的なパレットは、視線を引きつけるポイントに欠ける、殺風景な広い部屋に、命を吹き込んでくれます。建築上のディテール、たとえば柱や梁を、部屋の特徴にし、シャープで刺激的な色を要所要所に取り入れると、空虚なスペースを、モダンで垢抜けた雰囲気に一新することができます。

バイオレットグレー（**1**）と、ストームクラウド・グレー（**4**）は、コンクリートの塗装色にするといいでしょう。研磨したコンクリートは、わずかな間に、モダンな住宅用の、最高級建材となりました。

ペールアクア（**2**）は、その他の壁の色にします。静かで穏やかな印象がいっそう強くなるでしょう。

ピーコック（**3**）と、蛍光色のグローイングオレンジ（**5**）は、視線を引き付けるポイントに使います。ピーコックは、キッチンのキャビネットと、ワークトップの色にしましょう。

万能なラベンダー

フロステッドラベンダー（**1**）は、美しいニュートラルカラーです。ソフトで控えめな色でありながら、冷たさも、暖かさも感じさせる色です。オープンプランの部屋作りでは、まず、このような万能なベースカラーを、隅々まで塗ることから始めます。次に、その部屋に、別の色や形を取り入れることで、いくつかのスペースに分割するのです。

**天井の高い
オープンプランの空間に
使いたいモダンな色。**

ペールスカイ（**2**）で、天井を塗り、天井の高さを、感じさせない工夫をします。最後に雲を描くと、楽しい仕上がりになります。

ミッドブルー（**3**）は、ドアの色にします。ドアは、薄く色づいたガラス製にして、できる限りたくさん日射しを取り込めるようにします。

ダークティール（**4**）は、ある場所に視線を誘導するために使う、強い色です。部屋の1コーナーか、壁1枚だけをこの色にし、ビターライム（**5**）の小物の、背景色にします。自宅をギャラリーのようにし、ネオンイエローのガラス製オブジェを棚に飾り、スポットライトを当てます。

カラーパレット早見表

妖精の部屋

繊細な
ペールトーンを集めて、
おとぎ話の世界を再現。

ライラックティントのような、とても淡い色を用いるなら、注意が必要です。必ず壁の一部に塗料を試し塗りしてみてください。非常に淡い色でも、壁一面に塗ると強すぎる場合があるからです。夜は、ほのかな明かりで、夢のような空間を作り、日中は、自然光が、壁や鏡に反射し、部屋中に輝きを散りばめてくれるでしょう。

1

2

3

4

5

ライラックティント(**1**)は、パール材を混ぜて塗り、壁に光沢を与えると、より美しさが増す色です。

チョークのような、つやのない表面仕上げも同時に取り入れれば、部屋がキッチュになりすぎません。キャンディフロス(**2**)は、窓台と幅木の色にしましょう。

マシュマロ(**3**)は、周囲の色を引き立てます。カーペットや、タイル床の装飾にするなど、床の色に取り入れてください。

カウスリップ(**5**)は、ソフトスエードや、カシミアブレンドのふんわりとしたファブリックの色にしましょう。

バイオレット系　**201**

甘いデザートの色

このパレットに使われている、おいしそうな色を見て、お好みのデザートを思い浮かべてください。バター色のソフトレザー、カラーガラスのテーブルトップ、キャンディのように可愛らしい棚。塗装の色も、表面の質感も、食べてしまいたくなるくらい、おいしそうです。繊細なシュガードバイオレット（**1**）は、愛らしい寝室の色にぴったりです。

ピーチ、クリーム、バニラムースなど、デザートの色を取り入れて。

バニラクリーム（**2**）と、ハニー（**3**）は、ソフトでロマンチックな、美しいペールカラーです。天井や床の色にしましょう。また、2色ともメインカラーと、とても相性のいい色なので、これらの色が一緒に使われている装飾品や、柄物のファブリックを使いましょう。色あせたような、小花柄のファブリックや壁紙を選び、昔風のスタイルを極めて、個性的に。ビンテージ風の柄や、伝統的な柄をベースにしたファブリックは、今でも多く作られていますので、手に入れるのは難しくありません。

ピーチ（**4**）と、ラズベリームース（**5**）は、ディテールや小物の色に向く、おいしそうな色です。

カラーパレット早見表

クールなピンク

男性的、女性的、両方のスタイルを、現代的にミックスする。

この部屋は、モダンで、洗練されています。適切な装飾品が、適切な場所に配置されている、考え抜かれたインテリアです。ダスティモーブ(**1**)は興味深い色です。こういった中間色は万能で、使い方次第で、女性的にも男性的にも見せることができるからです。

暗いラビットファー・グレー(**3**)は、第二のメインカラーです。この色を木部や、椅子のスエードのシートや、ソファの色にしてください。この色は、メインのモーブに、陰影をつける役割をしてくれます。

ポーセリンブルー(**2**)は、ダイニングルームの皿や、サービングボウルの色に。できれば、釉薬で、強い光沢を出した食器を選びましょう。

ムスキーローズ(**4**)は、重厚なカーテンや、住宅の1階に敷き詰めるカーペットに向く、深みのある美しい色です。

グラマラスな雰囲気をプラスするために、マゼンタ(**5**)の小物を取り入れます。マントルピースの上に飾る、ガラスの花瓶や、グレーのソファに置く、小さなカシミアのクッションなどがおすすめです。

ヘザーと、ミネラルブルー

ヘザー（**1**）は、心が落ち着き、くつろいだ気分になれる色。どの部屋にも、すぐさま家庭的で、静かな雰囲気を生み出してくれます。古くからパープルは、刺激と鎮静という、相反する力をもちあわせる、不思議な色と信じられてきました。このパレットを取り入れて、五感を楽しませる、至福の空間を作りましょう。

**眠りを誘う、
穏やかなムードの寝室。**

ダークヘザー（**3**）は、木部の色にしてください。

クリスタルブルー（**2**）は、元気を与えてくれる色なので、床板をこの色で塗り、部屋全体のエネルギーをアップさせます。

ダークアメシストと、ミネラルブルー（**4**、**5**）は、椅子、ベッドサイドテーブル、寝椅子といった家具の塗装色にしましょう。

この部屋は、季節ごとに雰囲気が変えられます。暖かな季節は、クリスタルブルーの、綿のベッドカバーにし、刺繍入りのピローケースを合わせます。寒い季節は、ベッドに豪華なキルトを重ね、床には、染めたシープスキンのラグを敷いて、より心地よく、温かみのあるインテリアにしましょう。

カラーパレット早見表

モーブの豪華さ

色と素材を巧みに使い、贅沢な空間を創造する。

ダスティモーブは、ナチュラルカラーと、よく合います。ブラックチェリー・ムース（**1**）は、インテリア向きの色です。夜は温もりと、魅惑的なムードを、昼は快活さを、室内に運んでくれます。アクセントカラーと、触感の豊かさを上手に取り入れると、中間色を魅力的に見せることができます。

ナチュラルグレー（**2**）を木部の色に。伝統的な内装の部屋なら、腰長押や装飾的なマントルピースを、濃いエッグプラント（**5**）で塗り、際だたせてください。

シャンパーニュ（**3**）は、床と、重厚なベルベットのカーテンの色に。

エッグプラントは、この部屋にドラマを持ち込みます。クッションの柄の1色に、また、ピクチャーフレーム、アーティスティックな棚の色に、取り入れてください。

ライトピーチ（**4**）で、愛らしさをプラスします。壁にドラマチックな模様を映し出す、壁づけ燭台をこの色に。ピンクがかった色の鏡を、暖炉の上に吊り下げてください。

ラベンダー色の光

中間色を、バランスよく
組み合わせて、
やさしいムードの部屋に。

このパレットの色は、ぼんやりとしているようですが、非常に美しく、それぞれが、隣り合う色とよく馴染みます。ウォームラベンダー(**1**)は、5色の中で一番強い色です。しかし、ナチュラルなグリーン系の色を巧みに取り入れると、ラベンダーの鋭さを感じにくくなります。

ニュートラルカラーが、ラベンダーと相性がいいのは、ニュートラルは部屋を温かくし、このシャープな花の色を、穏やかに見せてくれるからです。ストーン(**2**)を木部と、フェザーを詰めたアームチェアの張り地の色に。やわらかいウールか、豪華なスエードを選べば、座り心地は満点です。

ストロー(**3**)は、天然のシーグラスを織ったマットの色として、取り入れましょう。

クールな、グリーン系のニュートラルカラー(**4**、**5**)を、クッション、重厚なベルベットのカーテンの色に。この色のオーガンジーを重ね、ベールをかけるように窓を飾りましょう。大きなほうろうのボウルを、テーブルの中央に置き、シナモンや、ラベンダーの香りがするお菓子や、イチジクを盛りつけ、五感を楽しませる演出を。

カラーパレット早見表

ビビッドなシクラメン

可愛い色を組み合わせて、冴えないスペースを明るくする。

ビビッドなシクラメン（**1**）には、その鮮やかさを抑えてくれる、ソフトな色が必要です。このパレットは、あまり日当たりのよくないスペースに最適です。強い色は、階段や廊下のような窓のない場所を、明るく見せてくれるからです。

建築上の特徴がある部分には、違う色を塗って、その形を際だたせましょう。

メインカラーが、あまりにも強すぎると感じる場合は、パステルバイオレット（**3**）と、ダスティヘザー（**2**）を、壁1枚ずつ、交互に塗りましょう。この可愛らしい2色は、階段吹き抜けの天井の色にも向いています。光を強く反射させる色だからです。

清涼感のある、ミントグリーン（**4**、**5**）は、床板や、玄関ドア、階段の手すりなど、木部の塗装色にしてください。

玄関を、さわやかな色と、個性的な照明を使って、目立たせましょう。モダンなガラス製シャンデリアなど、グリーンの照明器具で、視線を集めるポイントを作ってください。

モダンな、ビクトリアン

モダンなインテリアに、再び使われ始めた壁紙や、柄物のファブリックの色に、ビクトリアンモーブ（**1**）という豪華な色があります。多くのメーカーが、新旧取り混ぜ、幅広いタイプの壁紙を作っています。柄が、部屋全体を圧倒しないように、柄物の壁紙は、1枚の壁だけに張りましょう。

柄物の壁紙と、ファブリックを取り入れてみる。

バイオレットと、ソフトグリーン（**3**）は、19世紀後半のビクトリア朝で、特に好まれた、古典的な組み合わせです。この部屋には、モダンなエッジを効かせるため、木部の色を、ビターチョコレート（**2**）にする必要があります。このページの、（**2**）の黒っぽい色を手で隠すと、いかに他が可愛い色ばかりか、よく分かると思います。壁紙は、対照的な色合いが活かせる、直線的なデザインを選んでください。

クリヤーグリーン（**3**、**4**）は、ファブリックの色に。

暗めのバイオレット（**5**）は、椅子の張り地の色にしてください。もし、部屋がパープルすぎると感じるなら、このバイオレットを、ビターチョコレートと組み合わせましょう。

カラーパレット早見表

メキシカン・コロニアル

レンガ色と、インディゴが、ソフトなバイオレットグレーを明るく見せる。

メキシコ人画家フリーダ・カーロの家にヒントを得たパレットです。クレイバイオレット（**1**）は、メキシカン・コロニアル様式の典型的な色です。濃いインディゴブルーと、土の香りがするレッドという外観の住宅は、メキシコ全土と、その先の地域にまで、広がっていきました。カーロの作品に見られる色使いは、ドラマチックで大胆です。その大胆な色使いはインテリアにも反映されています。

アースレッド（**2**）を床の色に。伝統的な練り土の床にしてみましょう。これは錬った土を、熱した亜麻仁油で固めて、色を濃くし、強い光沢を出したものです。

ペールブルー（**3**）と、濃いティール（**4**）で、キッチンの食器棚のドアに、幾何学模様を描きます。古物店で、色使いのいい古い絵画を何点か手に入れ、壁に並べて掛けましょう。

ディープインディゴ（**5**）を、木部とドアに。このパレットを、家の外装にまで広げます。なぜなら、熱い国のリビングは、屋内と屋外の両方にあるものだからです。

1930年代の豪華客船

このパレットでは、豪華な表面の仕上げによって、色の魅力が増しています。ソフトグレー、輝くベルベット、毛足の長いカーペット。すべての要素が、退廃的なムードを醸しだします。ヘリオトロープ(**1**)には、この色の鮮やかさを吸収してくれる、クールで、ニュートラルな色が必要です。曲線の続く、巨大な大洋航路船をイメージした、大胆な家具を配します。

上品な色と、クールな形が特徴の、豪華なパレット。

シルバーと、プラチナ(**2**、**3**)は、この部屋の、つやのあるディテールに取り入れてください。ドア、窓枠、暖炉を、これらの色で塗装します。ドアノブ、カーテンロッド、暖炉といったディテールは、クロームや、光沢のあるミラーガラスで、際だたせます。低い円形テーブルをミラーガラスで覆い、カクテルグラスやピンクシャンパンで、飾りましょう。

プラチナ(**3**)と、ピンクアイス(**4**)のストライプ地を、椅子の張り地にしましょう。

ペール・シーミント(**5**)を、床の色に。豪華にまとめるなら、淡い色の木を使った、寄せ木張りの床材を使ってください。

カラーパレット早見表

一陣の風にあおられて

荒天の海辺が見せる、
独特の美しさを、
カラーパレットに。

海岸沿いをウォーキングする時ほど、さわやかな気分になれる瞬間はありません。こういった場所には、他の場所では見かけることのない、珍しい植物が茂っています。嵐の日は、空も海も大地も、パープルヘイズ（**1**）の波に溶け込み、荒々しくも、美しい景色を見せてくれます。

ドラマチックな自然の色を、カラーパレットとして、室内に取り入れましょう。メインのパープルヘイズ（**1**）は、深い嵐雲の色です。この色を壁に塗ると、他の色はすべて、この濃い背景から、浮かび上がります。

サンドと、ペブル（**2**、**3**）は、木部に最適の色です。バスルームの床に、自然の小石を使えば、足裏のマッサージができます。

アイスブルー（**4**）と、ブリークグレー（**5**）を大型家具の色にします。すると、家具は、パープルの壁によって、美しく縁取られるでしょう。ソフトで、こざっぱりと仕上げるために、ファブリックはウールを選んでください。

バイオレット系 211

熟したベリーの競演

プラム（**1**）は、退廃的で、強烈です。勇気がなければ取り入れられない、情熱を感じさせる色です。こういった強い色は、こじんまりした書斎や、魅惑的な寝室の色にしてください。熟した果実の色を、豪華さのある素材と組み合わせましょう。ベッドには、なめらかなサテンを、床には、ソフトなカーペットを敷きます。ほのかな照明は、深い色合いをより魅力的に見せます。

濃いベリーカラーは、部屋をゴージャスに見せる。

やわらかなミルクシェーク・ピンク（**2**、**3**）を、衣装だんすや、サイドボードのような、家具と、木部の色に。鏡をたくさん使い、自然光を最大限に取り入れます。

ブラックベリー（**4**）と、ブルーベリー（**5**）という森の果物の色は、この華やかな雰囲気の部屋に、深みを与えてくれます。こういった暗い色を恐れないでください。自信をもって取り入れれば、必ずよい結果が出るはずです。古いアームチェアを、ブラックに近いベリー色のベルベットでカバーすれば、さらに豪華さが増します。おいしそうな色合いは、壁のプラム色を、圧倒することなく、引き立ててくれます。

カラーパレット早見表

アールデコで退廃的に

レトロ調のピンクを
ブラックで縁取り、
強調する。

1930年代に流行したアールデコは、幾何学的な形、すっきりとしたライン、シンプルな色使いで、ドラマチックに仕上げたデザインでした。ブラックカレント(**1**)を、クールピンクと、シルバーグリーンの差し色が、いっそう魅力的に見せています。このパレットで、玄関をドラマチックに演出してください。

クールピンク(**3**)で、アルコーブのようなぼんだ部分を塗って、明るく見せましょう。室内の輪郭には、ブラック(**2**)を。木部、階段の手すり、クラウンモールディングを、すべてブラックで塗ってもいいでしょう。いっそう退廃的な雰囲気にするなら、床もつやのあるブラックに。つやのある床は、ブラックを反射させ、部屋を黒っぽく見せます。

ホットピンク(**4**)は、ダチョウの大きな羽根の色に。部屋のコーナーに、ブラックの花瓶を置いて、羽根を差します。

シルバーグレー(**5**)は、家具の色に。この色で家具を塗りますが、食器棚のドアの縁取りや、引き出しの取っ手は、ブラックにします。